本书受到重庆市语委一般项目"双城记:新马华人语言使用调查研究"
(项目编号:yyk22211)资助

海外华人语言使用调查研究

何洪霞 著

四川大学出版社

图书在版编目（CIP）数据

海外华人语言使用调查研究 / 何洪霞著． — 成都：四川大学出版社，2023.3
ISBN 978-7-5690-5753-9

Ⅰ．①海… Ⅱ．①何… Ⅲ．①华人－汉语－语言调查－调查研究－世界 Ⅳ．①H1

中国版本图书馆CIP数据核字（2022）第194408号

书　　名：	海外华人语言使用调查研究
	Haiwai Huaren Yuyan Shiyong Diaocha Yanjiu
著　　者：	何洪霞

选题策划：	吴近宇
责任编辑：	吴近宇
责任校对：	罗永平
装帧设计：	胜翔设计
责任印制：	王　炜

出版发行：	四川大学出版社有限责任公司
地　　址：	成都市一环路南一段24号（610065）
电　　话：	（028）85408311（发行部）、85400276（总编室）
电子邮箱：	scupress@vip.163.com
网　　址：	https://press.scu.edu.cn
印前制作：	四川胜翔数码印务设计有限公司
印刷装订：	四川五洲彩印有限责任公司

成品尺寸：	148 mm×210 mm
印　　张：	6.25
插　　页：	1
字　　数：	155千字

版　　次：	2023年3月 第1版
印　　次：	2023年3月 第1次印刷
定　　价：	35.00元

本社图书如有印装质量问题，请联系发行部调换

版权所有 ◆ 侵权必究

扫码获取数字资源

四川大学出版社
微信公众号

新加坡华文教育案例值得深入研究

东南亚华侨华人众多,中文教育发展水平和中文学习者人数全球领先,华文教育作为国际中文教育的重要组成部分,在东南亚更是一枝独秀。新加坡地处中西方文化交流的中间地带,素有"东方中的西方,西方中的东方"之称,是全球华人人口占比最高的国家,其华文教育政策和实践在全球中文教育领域具有典型性。虽然新加坡的华人人口占全国人口比例高达75%,但是华语使用领域在不断萎缩。华人人数众多,但不同世代、不同教育背景的华人群体具有很强的异质性。因此,加强新加坡华语教学的相关研究对中文的国际传播具有重要参考价值。

在海外,华侨华人子弟的华文教育具有不可替代的重要功能。通过华文教育,博大精深的中文和中华文化得以在海外传承,青少年华裔因此逐渐构建起中华民族认同感。这种认同感在重要历史时期往往能发挥重要作用,如在抗日战争期间,东南亚华侨华人支持我国抗日战争捐款最多,回国参与抗日华侨最多。改革开放以来,东南亚华侨华人企业到中国投资的也很多,如泰国华人企业正大集团、马来西亚华人企业郭氏集团等都成为投资中国最积极的一批外国企业。又如新冠肺炎疫情暴发初期，海外华侨华人心系祖（籍）国，给国内捐赠防护服、口罩及其他短缺医疗物资。再如中华人民共和国成立以来直到今天，钱学森、黄大年等各领域的海外华侨华人高端人才放弃发达国家的优厚待遇，毅然选择回国建设祖国。这些案例都充分体现了中华民族认同感和凝聚力在关键时刻能转化为服务我国现代化建设的积极力量。而这种中华民族认同感和凝聚力与海外华侨华人的中华语言文化传承密切相关，此乃大力支持海外华文教育的重要意义所在。因此，我们应进一步明确将海外华文教育纳入国际中文教育范畴，并根据世界各国华文教育的不同类型、特点和需求给予精准支持，提升海外华侨华人的中华民族认同感和祖（籍）国认同感，同时也充分发挥广大海外华侨华人的双语、双文化优势，为面向所在国宣介、阐释当代中国，促进中国与所在国经济文化交流，为我国社会主义现代化强国建设做出应有贡献。

何洪霞博士请我为其新作写序，作为其攻读博士学位期间的指导教师，我很欣慰她能够深入当地，开展田野调查，掌握第一手资料并最终完成研究，凝结精华成此专著。此专著详述新加坡不同代际华人的华语继承语使用情况，并指出三代华人语言呈"纺锤形"结构；揭示了同为华语背景的新移民和传统华校生在语言使用、语言水平等方面存在诸多分化的特点。

华文教育乃国际中文教育事业的重要组成部分，但以往我们对其重视不够。华文教育方向是国际中文教育学科的重要分支，是一个宏大、颇具学术价值和应用价值，且十分有趣的研究领域，有许多尚未开发的"宝藏"，希望学界同仁继续努力，深入开展全球华文教育研究，奉献更多的精品力作。

吴应辉
北京语言大学

"兰花"已经变成"胡姬花"

新加坡华人从祖籍地中国、印度人从祖籍地印度移居到"星洲"(新加坡旧称),积极融入居留地生活,成家立业,繁衍后代,并入籍成为新加坡公民。

自1965年8月9日新加坡脱离马来西亚独立建国后,为打造国家命运共同体,新加坡学生每天早上在学校高唱马来语国歌"Majulah Singapura"(前进吧!新加坡)以及宣读信约"我们是新加坡公民,誓愿不分种族、语言、宗教团结一致,建设公正平等的民主社会,并为实现国家之幸福、繁荣与进步,共同努力"。新加坡不同种族的人民在每年国庆日以英语高喊"One People, One Nation, One Singapore"(一个人民、一个国家、一个新加坡)口号,共同打造种族融合的全国一体化工程。同时,新加坡政府在国家层面上推行顶层语(英语)与底层语(族裔语)双言制(Diglossia),在学校层面推行第一学校语言(英语)与第二学校语言(族裔语)双语制(Bilingualism)的国家语言政策。

经过50年积极推动种族融合语言政策与规划,新加坡不仅建构出有别于中国祖籍地的华人身份认同,华族社会语言生态也发生了天翻地覆的变化。

我与邵洪亮（2014）在《华裔汉语学习者解读：新加坡视角》中观察到了不同世代、不同家庭常用语、不同教育背景的华裔对华族语言文化认同以及对华人族群认同出现显著差异。在华裔大家庭里，祖辈讲华语、孙辈讲英语的"鸡同鸭讲"现象更是屡见不鲜。

为探索新加坡不同世代语言变迁、语言形态（家庭常用语、语言流利度、语言偏好、语言优势、语言使用对象、抚养孩子的理想语言、观看电视节目/电影、阅读报刊/书籍等）、民族与国家的自我认同等重要议题，我负责主持了"新加坡世代语言流动研究"（Intergenerational Language Mobility in Singapore）研究项目，并担任博士论文导师，指导来自中国的何洪霞从历时视角进行研究，写出了《新加坡华裔继承语与华人身份认同相关性研究》（2019），指导新加坡土生土长的冯耀华从共时视角进行研究，写出了《语言形态与族群认同：新加坡第三代青年华裔研究》（2020）。

在彼此依赖又日夕变动的全球化时代中，祖籍地中国人与世界各地的华人，应该接受华裔经过时空变迁后所衍生的异质事实，并且尊重华裔的多元身份认同，进而充分利用本土与全球、此处与他处、过去与现在等双重文化特性，各自在全球化时代找到适者生存的新出路。

在何洪霞新著面世之际，她让我这位外方博士论文导师作序，郑重推荐给祖籍地中国人与世界各地华人、语言政策与规划者、华裔语言教学专家等。我相信读者读了这本书之后，心中一定会有无数的问号甚至许多惊叹号！毕竟时空已变，"兰花"已经变成"胡姬花"了！

吴英成（新加坡南洋理工大学）谨识
于若水轩

前　言

　　随着中国改革开放及经济发展，移居海外的中国人逐渐增多，其数量尤以欧美及东南亚为巨。对于海外华人来说，华语既有族内交际功能，也有文化传承功能。因此，海外华人的华语教学也可称为继承语教学。新加坡是除中国以外华人比例最高的国家，华语也是该国的官方语言之一，但该国的华语传承现状却不容乐观。由于语言和身份关系密切，本书通过调查、访谈等方法研究新加坡不同代际华人的继承语实践及身份认同情况，进而对二者的相关性问题加以讨论。

　　通过对新加坡不同代际华人的华语继承语研究，本书发现新加坡华人语言偏好、语言使用均存在由华语转向英语的趋势；随着代际的变迁华语水平呈现逐步下降趋势，而英语水平则呈现逐步上升趋势；整个社会由华语主导发展为由英语主导。总体来说，三代华人语言呈"纺锤形"结构。第一代华人主导语言为华语或方言，第二代华人主导语言为华英双语，第三代华人主导语言为英语。此外，同为华语背景的新移民和传统华校生在语言使用、语言水平等方面存在分化：新移民华语水平和英语水平均高于传统华校生；传统华校生在社会场域的英语使用频度低于新移民。

最后，本书通过对新加坡"两个弱化"现象的分析和新加坡、马来西亚两国华语传承"逆预期"现象的比较，提出国家实力和文化认同是促进华语传承的重要因素的观点，建议通过合作建设华语传承共同体、协同华社资源、拓展华语功能等举措加强新加坡华语继承语的保持和传承，促进海外华文教育的发展。

目 录

第一章 绪 论 ……………………………………… (001)
 第一节 研究缘起及意义 ……………………… (001)
 第二节 研究内容 ……………………………… (008)
 第三节 研究方法 ……………………………… (011)

第二章 华语继承语研究梳理 …………………… (022)
 第一节 关于华语继承语的研究 ……………… (022)
 第二节 关于华语继承语与华人身份认同的关系研究
  …………………………………………………… (036)

第三章 华语主导的第一代 ……………………… (041)
 第一节 关于华语继承语的研究 ……………… (041)
 第二节 华语为主,英语为辅 ………………… (041)
 第三节 华语水平高于英语水平 ……………… (049)
 第四节 双语导向,母语坚守 ………………… (056)

第四章 双语并重的第二代 ……………………… (060)
 第一节 华英并存的个人语言生态 …………… (060)

001

第二节　英语水平略强于华语 …………………… (073)
　　第三节　功利导向的双语选择 …………………… (079)

第五章　英语主导的第三代 …………………………… (082)
　　第一节　英语为主，华语为辅 …………………… (082)
　　第二节　华语水平下滑明显 ……………………… (090)
　　第三节　难以实现的双语传承 …………………… (093)

第六章　华人继承语代际使用状况比较 ……………… (096)
　　第一节　语言使用代际差异明显 ………………… (096)
　　第二节　华语水平持续下降 ……………………… (107)
　　第三节　语言传承状况堪忧 ……………………… (113)

第七章　华语传承与华人认同代际弱化现象讨论 …… (116)
　　第一节　新加坡华语社会"两个弱化"现象讨论 …… (116)
　　第二节　新马两国语言传承"逆预期"现象比较 …… (125)
　　第三节　扭转"两个弱化"的对策建议 …………… (133)

第八章　结　论 ………………………………………… (140)
　　第一节　主要研究结论 …………………………… (140)
　　第二节　创新之处 ………………………………… (142)
　　第三节　局限性与后续研究 ……………………… (143)

参考文献 ………………………………………………… (146)

附　录 …………………………………………………… (171)

附录一 调查问卷 ………………………………… (171)
附录二 访谈提纲 ………………………………… (177)
附录三 访谈样例 ………………………………… (178)

后　记 ……………………………………………… (186)

第一章 绪 论

第一节 研究缘起及意义

一、研究缘起

（一）日益庞大的海外华人规模

中国人移民海外历史悠久，且移至东南亚地区人口众多。19世纪中叶以前，整个东南亚地区的华人约150万人，主要聚居地为暹罗，在70万人以上，而马来半岛各土邦境内和海峡殖民地超过5万人。① 19世纪中叶开始，欧美各国及其属地急需改变其废奴之后的劳动力短缺状况，因此一批中国的劳工苦力前往上述地区。1882年美国推出《排华法案》，此后，加拿大、澳大利亚、新西兰及欧洲各国也开始排华运动，而曾经前往欧美各国的中国劳工转而向东南亚流动。据统计，在1876—1898年间，仅从厦门和汕头两地出国前往东南亚各地的华人共达285万人。② 截至20世纪初，海外华人已达四五百万之众，其中约

---

① 庄国土. 华侨华人与中国的关系 [M]. 广州：广东高等教育出版社，2001：168—178.

② 陈翰笙. 华工出国史料汇编（第1辑）[M]. 北京：中华书局，1980：184—185.

九成聚居在东南亚。① 第一次世界大战结束以后，中国海外移民掀起第三次高潮，其主要流向地仍是东南亚。据官方统计，1931年的新马华人中第一代移民占68.8%。② 到20世纪50年代初，世界华人总数达1200～1300万人，90%集中在东南亚，其中英属新加坡和马来亚共约310万人。③ 中华人民共和国成立后，逐步取消了对侨居海外的中国移民的双重国籍政策，同时鼓励华侨入籍所居国，因此20世纪50年代至70年代的华侨人口主要依靠人口自然增长，到20世纪80年代初，华侨华人数量约2000万人。④ 改革开放以后，中国经济飞速发展，人员对外交往频率提高。新加坡由于转口贸易而实现经济腾飞，成为"亚洲四小龙"之一，吸引了众多来自中国等其他国家的专业人才，同时新加坡也逐步放宽对移民准入的限制。仅2007－2008年，中国移居新加坡的移民大概有35万人，其中多为留学生、专业人士、职员、商人和劳务人员。⑤ 由此可见，海外华人移民热潮几经变化，新加坡的华人规模日益庞大。

（二）独具特色的语言政策

根据新加坡统计局数据，2017年该国华族占比74.3%，马来族13.4%，淡米尔族9.0%，其他族裔3.2%。⑥ 可以说，新加坡是中国以外华人占比最大的国家。但是与大多数民族国家

---

① 庄国土. 世界华侨华人数量和分布的历史变化［J］. 世界历史，2011（5）：10.
② 傅无闷. 南洋年鉴（丙篇）［M］. 新加：南洋商报出版社，1939：29－30.
③ 庄国土. 世界华侨华人数量和分布的历史变化［J］. 世界历史，2011（5）：10.
④ 庄国土. 世界华侨华人数量和分布的历史变化［J］. 世界历史，2011（5）：10.
⑤ 参见庄国土. 东亚华人社会的形成和发展［M］. 厦门：厦门大学出版社，2009.
⑥ 新加坡统计局. 人口走势（2017）［EB/OL］. https://www.singstat.gov.sg/－/media/files/publications/population/population2017.pdf(2018－09－06).

独立后所持的语言政策不同的是,华语并没有成为新加坡各族民众的共同语言。新加坡的语言政策规定该国有四种官方语言,分别为华语、马来语、淡米尔语和英语,四种语言具有同等平等的法律地位。其中马来语为国语,英语为行政语言。[①] 此外,新加坡推行以英语为主、族群母语为辅的双语教育政策。所有学生除了修读以英语为教学媒介语的各个学科课程,还必须修读其所属族群的母语课程。Kachru(1985,1990)曾经指出世界英语分为内圈、外圈及扩展圈三个圈层。其中内圈(Inter Circle)是将英语及其变体作为第一语言使用的国家;外圈(Outer Circle)是将英语及其变体作为第二语言使用的国家;扩展圈(Expanding Circle)则是将英语及其变体作为外语使用的国家。Kachru认为在新加坡,英语处于外圈。但新加坡社会实际情况却是英语广泛应用于新加坡的政治、经济、文化、教育、科技等各个方面。英语在新加坡的国家教育系统中占据着重要地位,它既是所有新加坡学生必修的第一语言,也是学习其他科目的教育媒介语言,同时还是学校正式教学活动所使用的主导语言(吴英成、冯耀华,2017)。相反,三大族群的族裔语日益萎缩,更多时候扮演着维持族群认同与传播民族文化的角色。

综上所述,新加坡的语言政策与其国内民族人口构成情况并不一致。新加坡又是东南亚少有的继续将前殖民地宗主国语言——英语作为行政语言的国家,其语言政策具有鲜明的特色。

---

① Wah Kam Ho & Ruth, Y. L. Wong. Introduction: Language policies and language education in East Asia[M] // In Wah Kam Ho & Ruth, Y. L. Wong(Eds), Language policies and language education: The impact in East Asian countries in the next decade, Singapore: Eastern Universities Press, 2000:1—42.

（三）华语转用为英语的发展趋势

根据新加坡教育部对华族小一新生家庭用语的调查，我们发现家庭常用语为华语的家庭自1990年来逐年下降。2000年，有55.4%的华族小一学生的家庭常用语为华语，而2004年这一比例降至47.3%，2009年则仅为40%。相反，以英语为常用语的家庭则不断增加，1999年这一比例为26.3%，2000年增至42.3%，而2004年，英语首次超过华语，2009年这一比例达到60%。另外，2010年新加坡人口统计数据显示，随着学生年龄的变化，华语和英语作为家庭常用语的比例呈现出一定的变化。具体来说，年龄越小的学生，其家庭常用语为英语的比例越高，而家庭常用语为华语的比例则越低。[1] 这说明，英语作为家庭用语的使用比例逐渐上升，而华语作为家庭常用语的比例日益下降。2015年综合家庭调查表明年龄介于5~14岁的华族少年中有61.36%以英语作为家庭常用语，与2010年的新加坡人口普查数据相比，增幅达10%[2]。此外，根据2001年国际阅读素养发展研究（PIRLS）测试结果，新加坡小四学生的整体英语阅读水平远高于国际平均水准，与苏格兰、新西兰等地没有显著差异；而文学类和信息类的阅读测试结果显示，新加坡学生的表现超过15个国家，特别是在信息类阅读测试方面，其表现与美国等12个国家没有显著差异。[3] 2016年国际阅读素养发展

---

[1] 新加坡统计局. 人口普查数据（2010）[EB/OL]. https://www.singstat.gov.sg/publications/cop2010/census10_stat_release1(2018-09-06).
[2] 新加坡统计局. 家庭综合调查（2015）[EB/OL]. https://www.singstat.gov.sg/-/media/files/publications/ghs/ghs2015/ghs2015.pdf(2018-09-06).
[3] Dixon, L. Q. (2003) [EB/OL]. The bilingual education policy in Singapore: implications for second language acquisition. https://files.eric.ed.gov/fulltext/ED478019.pdf(2018-7-29).

研究显示新加坡小四学生的阅读水平继续领先并且超过英国、美国等国家。① 综上所述，虽然新加坡的华族是国家主体民族，但是就语言来说，该国由华语社会逐渐向英语社会演变。

二、研究意义

（一）促进海外华语传承与发展

随着文化多样化及全球语言多样性日益受到关注，学界对语言多样性的认识已经发生了很大的转变。以往，语言多样性被认为是问题，统一的民族国家更多要求语言的同一性。第二次世界大战后，一些新兴国家强调"一个国家，一个民族，一种语言"的单语制政策。如今，由于经济全球化、政治多极化的趋势所向，语言问题不再像过去那么敏感。无论对于个人还是对于国家，学界更倾向认为语言多样性是不可多得的资源。从问题到资源的转变，给各国使用权势语言之外语言的其他族裔带来了新的发展机会。对于海外华人来说，华语大多为非权势语言，其保持与传承受到社会主流语言的挑战。在新加坡，华语具有较高的语言地位，新加坡也是除中国以外将其作为官方语言的国家。但新加坡的华语传承与保持情况不容乐观，华语失去了教学媒介语的功能，越来越多的华人放弃华语转而使用英语。对于新加坡华人继承语的研究，将有助于我们厘清华语传承困难的影响因素，促进海外华语的传承与发展。

---

① 2016 年国际阅读素养发展研究（PIRLS）调查发布 [EB/OL]. https://www.iea.nl/pirls－2016－release(2018－7－29).

（二）减少不同身份的误读误判

目前，国内对于华人的研究多从历史角度出发，更为关注第一代移民的语言能力和身份认同，对华人的类型多样性认识不够深入。更多时候，国内研究是从"统"的角度探讨华人与国家建设，天然地认为华人对祖籍国具有比较强烈的民族情感。但实际上由于华人代际的变迁，其华语能力和身份认同已经发生了变化，对祖籍国的态度有亲有疏。本书力图深入分析华人的异质性和复杂性，从更为广阔的层面重新认识华文教育和海外华人群体，减少对他们身份的误读误判，以更为有效的方式推动海外华文教育，有效建立广大海外华人和祖籍国的情感联系。

（三）响应"一带一路"倡议

2013年，习近平主席在访问哈萨克斯坦时首次提出建设"丝绸之路经济带"的倡议；同年，他在访问印度尼西亚时提出中国愿与东盟国家共建"21世纪海上丝绸之路"；2014年5月21日，习近平主席在亚信峰会上做主旨发言时指出，中国将同各国一道，加快推进"丝绸之路经济带"和"21世纪海上丝绸之路"建设；2015年3月28日，经国务院授权，国家发展改革委、外交部、商务部联合发布了《推动共建丝绸之路经济带和21世纪海上丝绸之路的愿景与行动》，提出中国愿意与"一带一路"沿线各国共创共建利益共同体、责任共同体与命运共同体。有近4000万华侨华人分布在"一带一路"沿线，[1] 是"一带一路"建设的重要力量。位于"21世纪海上丝绸之路经济带"上

---

[1] 中国一带一路官网［EB/OL］．https://www.yidaiyilu.gov.cn/xwzx/gnxw/14293.htm(2018－7－29)．

的新加坡与中国有着深厚的历史渊源,其所处的重要地理位置、独具特色的语言政策及语言教育结果为我们的研究提供了特别的视角。对新加坡华语继承语教学及华人身份认同的研究将会为东南亚地区乃至整个世界的华文教学提供借鉴。

(四)满足不同学习需求

根据使用情况,在新加坡汉语可以划分为内圈中原区、中圈海外华人区及外圈外语区三个圈层(吴英成,2002)。新加坡的华语学习既不同于内圈的母语学习,也不同于外圈的外语学习,而是介于母语学习和外语学习之间。根据传播的情况,汉语国际可分为核心圈、边缘圈、外围圈和薄弱圈。其中核心圈指的是中国;边缘圈包括新加坡、马来西亚等国家及缅甸北部地区;外围圈主要由韩国、朝鲜、日本、越南、泰国、印度尼西亚、文莱、菲律宾等国家构成;薄弱圈则主要指南美洲、北美洲、欧洲、中亚、西亚、南亚、非洲等地区(吴应辉,2013)。吴英成与吴应辉两位学者的论述均表明汉语的教学与传播具有层级性,新加坡所处层级仅次于中国,在汉语教学及传播方面处于重要地位,理应得到学界更多关注。但是,海外华人构成并非均质,不同区域的华人具有不同的特点,同一区域的华人也可能具有较大差异。因此,新加坡华语继承语实践与华人身份认同相关性的研究将有助于我们对该国不同类型华人的语言使用和身份认同情况进行全面了解,从而有的放矢地满足海外华人的语言学习需求,拉近他们与祖籍国的心理距离。

(五)促进海外汉语传播

随着全球"汉语热"不断升温,汉语正快速走向世界。截至 2017 年 12 月 31 日,全球 146 个国家(地区)建立了 525 所孔子学院和 1113 个孔子课堂,各类学员人数达 916 万。但有学者指出汉语国际化的现状是：一方面，汉语正快速地走出国门；另一方面，汉语的国际化程度还很低。汉语还不是被普遍教授和学习的语言，拥有本科（及以上）学历的高端汉语人才还很少，可以流利使用汉语书面语进行表达的外国人更是凤毛麟角（李泉，2017）。汉语教学在层级上由底端的普及型汉语教学到顶端的精英型汉语教学构成了"金字塔形"（吴应辉，2013），在推动汉语国际化的进程中，我们既要重视培养数量庞大的大众化、普及型汉语学习者，也应该积极借助高水平的汉学家、汉语教育专家等精英学者的力量，实现汉语教学的本土化。新加坡地处中西方文化交流的中间地带，素有"东方中的西方，西方中的东方"之称，大量华人构成了广大的汉语学习者[①]和使用者群体，华语作为官方语言的地位保证了在该国汉语学习的强制性与合法性。同时，普遍较高的国民英语水平又使其参与西方话语交流更为容易。因此，相对其他国家而言，新加坡拥有最广泛的大众汉语学习者，最可能出现精英学者，加强新加坡华语教学的相关研究将有助于促进汉语海外传播。

第二节 研究内容

本书选取新加坡三个代际的华人，通过实地调查和质性访谈，从继承语的角度对华语使用、华人身份认同以及二者相关性的方面展开了研究。

[①] 国内学术界普遍使用"汉语学习者"指代所有的学习汉语的人，包括境内少数民族、境外的华人及外国人等；而"华语/华文""华语学习者"等常仅用于指称华人的汉语学习。本书此处引述作者原文，后文将统一进行界定。

一、研究对象

新加坡华人移民历史悠久,华人构成类型多样,因此有必要对本书研究对象的选择标准进行细致描述。本书综合考虑新加坡语言规划历程与移民的自然代际,以准纵向研究(Pseudo longitudinal Study)的形式开展,调查对象的代际划分标准包括华人自然世代变迁、移民时间及教育背景。根据本书研究标准,三代华人构成如图1-1所示:

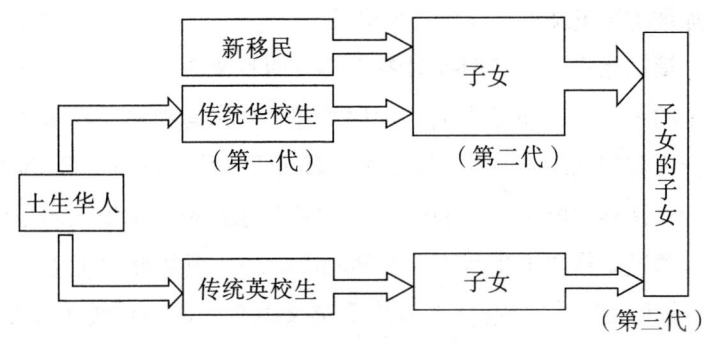

图1-1 华人代际划分示意图

第一代华人:19世纪末,清朝式微,此时期移民南洋的劳工、工匠、零售商,多半操着原籍地的方言,他们也大多让子女后代("土生华人")接受民办的祖籍方言或华文教育,最终形成了当地传统华校生群体;"新移民"主要指20世纪八九十年代移居新加坡的中国移民。就本书而言,新移民主要是改革开放以后从中国移居新加坡的华人。因此,第一代华人主要由两类人员构成：一是在中国完成了基础教育①的新移民；二是在新加坡接受华文教育的传统华校生。② 他们的共同特点是拥有华文教育背景，华文为教学媒介语，英语为单科；华语为第一语言。

第二代华人：调查对象父母均为华文教育背景，即第一代华人家庭所生的子女，其中包括传统华校生的子女与新移民的子女。一般来说，他们父母的母语为华语，但是他们本身接受新加坡主流英文教育，华文为单科。

第三代华人：其调查对象主要有两种来源。其一，传统英校生的子女。15世纪左右，中国福建、广东等地移居马来半岛的商人与当地民族通婚，所生之子若为男性称"峇峇"（Baba），若为女性称"娘惹"（Nyonya）。他们与东南亚其他地区的早期华人移民统称"土生华人"（Peranakan）。新加坡的土生华人"落地生根"，他们本身大多接受英文教育，成为传统英校生，其子女后代接受新加坡主流教育。其二，第一代华人子女的子女。二者的共同特点是调查对象父母均为英文教育背景，调查对象本人也是英文教育背景，即英文为教学媒介语，华语单科，英语为第一语言。

---

① 很多研究表明语言学习存在"关键期"，即在生命早期的语言学习或习得过程中存在某一关键阶段，此阶段的语言发展更容易成功。David Singleton（1995）指出："虽然也有年龄较大学习者成功习得语言的案例，但是长期来看，年龄越小，二语习得效果越好。"尽管关键期的发展受到各种因素的影响，但是学界普遍接受"关键期"大致的阶段是从五岁至青春期，很多学者认为"关键期"应该可以到十二三岁左右。因此，本书认为在中国接受完整基础教育（小学六年）的学习者已经具备稳定的华语能力与水平，可作为本书研究对象；而年龄小于十三岁即移民至新加坡的被试华语语言能力尚不稳定，会令研究有偏差，因此不纳入本书研究。

② "传统华校"是指1987年华校统一源流之前的华文学校，其教学媒介语为华语，英语作为单科进行教学，教育体制与中国基本一致。

二、研究问题

本书拟通过对上述三个代际华人的继承语使用及身份认同情况进行探讨，尝试探讨不同代际的新加坡华人继承语实践特点及变化趋势。本书以华语继承语的纵向代际比较研究为主，并希望通过研究讨论，全面深入了解新加坡华语继承语使用情况，为新加坡华语教学乃至汉语国际教育事业做出一定的贡献。

第三节 研究方法

一、研究思路

（一）田野体验调查

田野体验调查法是适合国家汉语传播专题性研究的方法（吴应辉，2013），一般包括两个要素：一是田野调查；二是亲身体验。由于本书涉及新加坡华人社会语言使用情况及身份建构情况，因此需要研究者亲自到研究区域对研究对象进行深入细致的实地调查，获得对研究对象的感性认识，并通过对研究对象相关资料的收集、整理及分析，将所获得的感性认识提升到理性高度。就本书而言，笔者在新加坡开展了为期12个月的田野调查，实地体验了新加坡的语言生活、风俗文化、教育体制，并与新加坡国立大学、南洋理工大学高等院校及新加坡教育部等政府机构的工作人员、教师及学生开展了广泛交流，对普通民众进行了深入访谈，获得了大量一手资料，并在参考前人研究成果的基础上，最终形成本书的调查问卷和访谈提纲。

(二) 定量定性结合

量化研究与质性研究是应用语言学领域的两种主要研究方法，有学者认为二者是对立的（Bourdieu，1999c；Bourdieu & Wacquant，1992）；也有学者对研究方法的二元对立持批判态度，认为量化研究与质性研究存在相互联系（Sechst & Sidana，1995；Newman & Benz，1998；Sale，Lohfeld & Brazil，2002；Tarrow，2004；Ridenour & Newman，2008）。由于定量定性结合的研究方式，同时集合了量化研究和质性研究的优点，因此该方法在社会科学领域的使用频率越来越高。有学者对七种国际知名的应用语言学期刊文章研究方法进行统计，发现66.34%的文章使用定量与定性混合的研究方式（Hashemi & Babaii，2013）。[①] 从量与质使用的先后顺序这个角度来看，定量定性结合的研究方式可以分为两类：一是连续性（Sequential）研究；二是平行性（Parallel）研究。连续性研究，指研究者先进行单一研究中的质性（或者量化）部分，而后做量化（或者质性）部分。平行性研究，指研究者在同一时间同时运用量化与质性的研究方法。本书采用平行性的研究设计：在数据收集阶段，问卷调查与质性访谈同步进行；在数据整理分析阶段，对同一维度问题综合量化统计结论与质性分析。最后，综合考虑定量与定性的结果，分析新加坡华人语言使用和身份认同表现及其触发机制。

综上所述，本书研究思路如图1-2所示：

[①] Hashemi, M. R. & Babaii, E. [M] // Mixed methods research: toward new research designs in applied linguistics. *Modern Language Journal*, 2003, 97(4), 828-852.

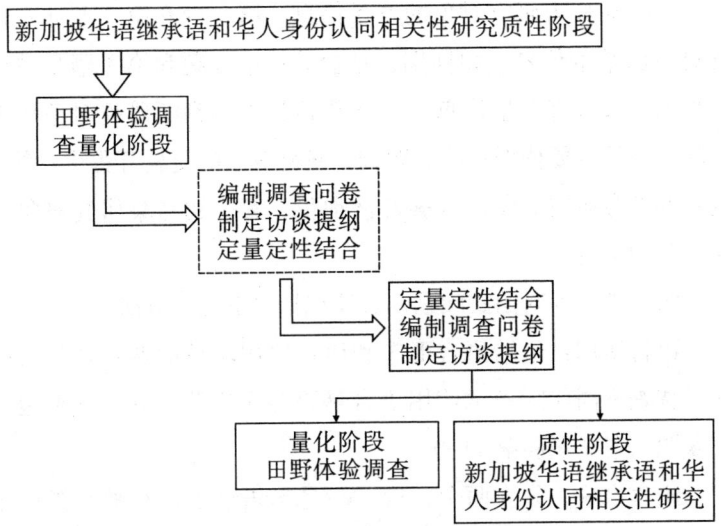

图1-2 本书研究思路示意图

二、具体方法

如前所述，本书研究思路分为田野调查体验和定量定性结合两个阶段。在田野调查体验之后，再形成调查问卷和访谈提纲；在定量定性结合阶段，则使用调查问卷、深度访谈和文本分析的方法对研究资料进行整理和分析。具体如下：

（一）问卷调查

1. 问卷设计

本书在新加坡本土开展问卷调查，调查工具为书面问卷（详见附录一）。在问卷编制过程中，笔者综合田野调查体验资料和文献阅读资料，参照了新加坡统计局关于人口、教育及语言等方面的调查设计，同时参考华人社会语言调查（吴英成，2010；郭熙，李春风，2016）等相关资料，最后形成本书调查问卷。该问卷共分两部分。

第一部分为研究对象的背景信息。第1题和第2题涉及调查对象的基本信息，如性别、年龄等；第3题和第4题是被试父母及个人教育背景信息，上述几题是本书判断研究对象华人代际分类的主要依据；第5题调查研究对象的受教育程度；第6题主要考察研究对象的社会经济地位；第7题考察研究对象的家庭常用语言。

第二部分为封闭式问题，具体包括以下三个方面：

语言使用：包括语言形态和语言使用场域的调查，其目的在于调查不同代际被试使用语言是否存在显著差异。题目包括第8题、第9题和第11题。

语言水平：分为两个角度，一是华语继承语水平和英语水平；二是两种语言的输入水平和输出水平，从不同角度判断不同代际华人的语言水平是否存在显著差异。题目包括第10题、第13题和第14题。

语言传承：第12题从教养语言选择方面判断不同语言的传承趋势。

调查问卷各个维度及第二部分题目分配详见表1—1。

表 1—1 调查问卷各个维度题目分配

维度	主题	题目
继承语	语言使用	Q8 语言偏好 Q9 优势语言 Q11 与父母交流经常使用的语言 　　 与配偶交流经常使用的语言 　　 与子女交流经常使用的语言 　　 与兄弟姐妹交流经常使用的语言 　　 与好朋友交流经常使用的语言 　　 与同事/同学交流经常使用的语言 Q13 观看电视/电影所选用的语言 Q14 阅读报纸杂志所使用的语言
	语言水平	Q10 语言流利度——华语的听、说、读、写 　　 英语的听、说、读、写 　　 华语译成英语 　　 英语译成华语
	语言传承	Q12 抚养孩子的理想语言

此外，从题目形式来看第10题、第11题、第15题和第16题为矩阵选择题，其余为单项选择题。

"语言水平"和"身份认同"使用里克特6度量表，3项为正向选项，如"非常同意""很同意""同意"；3项为负向选项，如"非常不同意""很不同意""不同意"。选项未设立中立选项，其目的在于获得调查对象的倾向性。[①]

2. 信效度检验

关于效度检验。本书分别对继承语部分的量表和身份认同部分的量表进行了建构效度检验，两个量表测量构面与测量题

---

① Phinney et al（1999）采用李克特四度量表测量族群认同，但是从更为细化的研究角度考虑，我们使用六度度量表对认同及语言两个方面进行测量。

目之间的相关系数都超过了 0.5[①],说明问卷具有较好的建构效度。具体如下:

继承语量表:本书以量表各个因素构面所包含的测量题目变量进行单一构面的因素分析,从而检验量表的建构效度。检验结果见表 1-2。

表 1-2 继承语量表建构效度检验

成分矩阵		
	测量题目	因素负荷量
语言使用	语言偏好	0.911
	优势语言	0.909
	语言选择-父母	0.785
	语言选择-伴侣	0.737
	语言选择-子女	0.720
	语言选择-兄弟姐妹	0.734
	语言选择-好友	0.883
	语言选择-同事/同学	0.766
	语言选择-电视电影	0.653
	语言选择-报刊书籍	0.815

---

① 参见吴明龙. 问卷统计分析实务:SPSS 操作与应用 [J]. 重庆:重庆大学出版社,2010.

续表1-2

成分矩阵		
语言水平	汉语流利度—听	0.591
	汉语流利度—说	0.547
	汉语流利度—读	0.574
	汉语流利度—写	0.524
	英语流利度—听	0.899
	英语流利度—说	0.905
	英语流利度—读	0.912
	英语流利度—写	0.905
	华译英	0.524
	英译华	0.566

关于信度检验。经过检验，继承语和身份认同两个维度的因素构面Cronbach α信度系数均超过0.6，说明量表的信度较好。检验结果具体见表1-3。

表1-3 调查问卷信度检验

维度	因素构面	Cronbach α
继承语	语言使用构面	0.769
	语言水平构面	0.835

此外，为了方便被试理解，确保调查质量，调查问卷采用英汉两个版本。汉语版本经过汉语国际传播方向的两名博士研讨，同时经过本专业两名专家共同审核把关；英语版本由出身新加坡英校背景，并在中国完成中文硕士专业的英汉双语者进行翻译，并经过1名外语教育专家审核把关。

3. 调查对象选取

华人作为新加坡的主要族裔,人数众多。囿于时间、财力等多方面因素,简单随机抽样并不适合本书的研究。综合考虑新加坡统计人口普查中所呈现的华人特征及本书研究所设计的华人代际划分标准,我们在不同群体华人集聚的地点开展调查,其中包括华人会馆、宗教场所、生活场所、高等院校等。最终,本书获得有效问卷189份。被试基本情况如表1-4所示:

表1-4 调查对象构成表(n=189)

世 代	性别		平均年龄	合计
	男	女		
第一代	19	24	50.7	43
第二代	29	28	31.1	57
第三代	41	48	25.0	89

(二)深度访谈

访谈阶段,研究使用滚雪球抽样(Snowball Sampling)的方法获得被访对象。该抽样方法具有经济性、可行性的优点,因此在继承语研究领域得到很多学者的应用(Gibbs & Hines,1992;Hall,1992;Root,1992;Pao,Wong,& Terben-Rowe,1997;Kiang,2008;Mu,2014,2016),可以满足本书研究要求。下面本书就滚雪球抽样方法举例如图1-3所示:

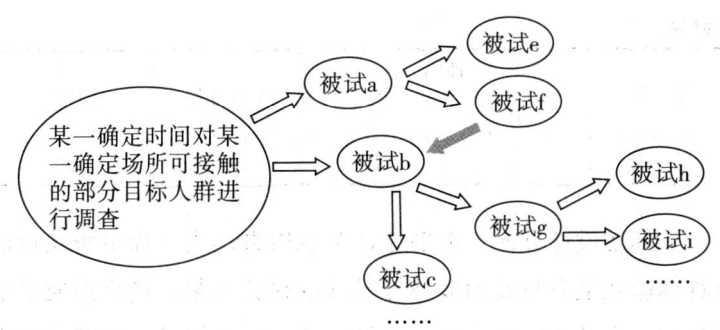

图1-3 滚雪球抽样方法示意图

滚雪球抽样首先从总体中的少数成员入手,对他们进行调查并向其询问哪些是符合条件的人;再去找那些人并询问他们知道的人,如此循环往复,以便得到越来越多的调查对象;当抽样所得到的被试形成闭环时(如图1-3实心箭头所示),则本次滚雪球抽样完成;当所有首次被试所引发的滚雪球抽样均为闭环时,则整个抽样过程结束。具体操作时,笔者委托朋友、同学、老师等不同社会关系介绍首次抽样对象,力求被试来源渠道多元化,提高样本的代表性与丰富性。例如,在寻找传统华校生样本时,可通过访谈得知他们日常活动场所之一为宗教场所;因此在进行调查时,我们综合考虑佛寺、道观、教堂等多种宗教活动中心的调查对象,确保样本来源的多样性。

最终本书获得了55名访谈对象,其基本构成如表1-5:

表1-5 访谈对象构成表(n=55)

世代	性别		平均年龄	合计
	男	女		
第一代	9	11	48.8	20
第二代	7	8	41.0	15

续表1-5

世代	性别		平均年龄	合计
	男	女		
第三代	7	13	26.7	20

在问题设计方面,本书综合考虑田野调查过程中所获得的感性体验及笔者与新加坡外方导师的讨论结果,最终形成了访谈提纲。在访谈实施方面,在保证基本访谈问题不遗漏的前提下,针对访谈过程中被访者所述事实进行追加提问,力求深入事实内部,获得更多的细节。具体来说,访谈部分共包括5小题:第1题探讨调查对象的华语学习历程;第2题探讨不同场域语言的选择和使用;第3题关涉学习华语的重要性及新加坡年轻人对于华语学习的态度;第4题和第5题关涉新加坡社会使用华语的合理性。

为保证访谈结果的信度和效度,我们主要采取以下措施:在访谈过程中使用被访者所熟悉的语言;在征得被试同意情况下进行录音,事后进行转写形成书面材料;如被试不同意录音,则笔者进行笔记记录。此外,笔者以"悬置"[①]的态度进场,在后续研究过程中,时刻进行自我监控和反思,以保证研究的客观性。

(三) 内容分析

本书针对深度访谈的转写文本进行分析,主要采用语篇分析和词频分析的方式。在语篇分析阶段主要进行三级编码。首先,通过阅读质性文本,形成意义,得到初步的编码方案;其

---

① "悬置"指的是在进入访谈现场开始工作的时候,中止自然态度下的判断,摒弃对某些东西的习惯性的信仰,在抛开成见的前提下感受访谈对象及访谈环境。

次,将相近编码进行概括与合并,归纳为四个主题,分别为语言使用,语言水平,语言地位和身份认同;最后,理顺编码层次关系,在第二层级筛选更具有概括性和解释性的主题,力求获得具有更大解释力的概念。

编码工作及信度检验的操作流程具体如下:首先,笔者及本专业另一博士研究生分别编码相同的文本材料;其次,本书采用评分者信度[①]的方式进行了一致性检验,结果显示两位编码者皮尔逊相关系数为 0.710,具有较高的信度水平[②];最后,由于检验结果符合研究信度要求,后续的质性资料编码工作由笔者独立完成。

在量化分析阶段,本书主要使用 SPSS 23.0 和 Amos22.0 软件进行数据统计。由于存在代际差异,数据呈偏态分布情况较多,因此大多数情况下我们使用非参数检验进行运算。在质性分析阶段,本书使用 NVivo 11 软件进行词频分析,同时进行人工干预。

---

① 评分者信度是检验两位观察者在以相同理论框架观察相同现象时是否以同样的方式进行阐释。

② 参见 Altman, D. G. [M]. Practical statistics for medical research. London: Chapman and Hall.

第二章
华语继承语研究梳理

第一节　关于华语继承语的研究

由于汉语教育包括中国公民汉语母语教育、海外华人的华语继承语教育及针对外国人的汉语言教学等多种类型，学术界对于一些概念尚未形成共识，因此本书首先对研究涉及的相关概念进行统一界定，以便行文。

一、相关概念界定
（一）华侨、华人、华裔、华族

"华侨"（Overseas Chinese）一般指侨居海外的中国人。但是，不同时期，该名词具有不同的内涵。1955年以前，"华侨"泛指在海外定居的有中国血统并在某种程度上保留中国文化的人，无论是否正式持有中国国籍。与此同时，"Overseas Chinese"在英文中也常常用来泛指与东亚大陆的主体族群同文同种却移居海外的人。但是，"华侨"一词，其"Overseas Chinese"的概念内涵又逐渐发生了变化。王赓武（1981）指出"华侨"内涵是被动移居、短暂停留却注定要回到祖国且对中国有思乡之情的"旅居的中国人"①。在此，本书所说"华侨"仅指称居住在海外的具有中国国籍的中国公民。

"华人"（Ethnic Chinese）指的是生活在海外并在一定程度上保留中华文化或拥有中国人血缘的非中国公民。1955 年以后，中国政府正式放弃双重国籍的政策，主张"解决华侨双重国籍问题，重点应鼓励华侨自愿选择所在国国籍。……凡已经或自愿取得当地国籍的华侨，就当然丧失中国国籍，他们和中国的关系是亲戚关系"②。此后"华人"一词在海外华文报刊及文学著作中出现的频率越来越高，并逐渐取代了"华侨"这一称呼。由此看来，"华人"由"华侨"转变而来，二者均有中国血统且共享文化认同，区别则在于是否拥有中国国籍。

"华裔"（Chinese Descents）一般指在当地出生的华人后代，具有所在国的国籍。庄国土（2002）指出"华裔"一词在中国使用时，通常指具有中国血统者，其中包括华人和有中国血统的非华人，覆盖范围比华人更广。王赓武（2004）认为"华裔"的标准不仅在于血缘传承，而且含有政治属性及文化要求。也就是说，"华裔"依然具有华人血统，但是在政治认同上已经归化于所在国，在文化方面也具有当地特色。总之，在血缘方面，华裔也包括那些与当地原住民通婚所生的混血华人，如"峇峇""娘惹"；在文化上，"华裔"的"华人属性"（Chineseness）较弱，更倾向认同居住国的主流文化。

---

① Wang G. W. A Note on the Origins of Hua-chiao[M] // Wang G. W. (Eds.), In Community and Nation: Essays on Southeast Asia and the Chinese. Singapore (118—127). Heinemann Educational Books(Asia).

② 周恩来. 关于华侨的双重国籍问题，1955 年 4 月 27 日 [M] //周恩来外交文选. 北京：中央文献出版社，1990：139.

"华族"(Ethnic Chinese Group)是植根于中华文明的华人族群。在早期历史典籍《左传》、汉律和唐律等著作中都有关于"华"的记载。两晋南北朝以来,少数民族与中原汉族不断融合,逐渐形成了一个全新的、多元一体的中华族群。[①] 在西方制度和文化影响下,清末民初的儒家知识分子群体中间开始产生"国族"意识(钱雪梅,2019),梁启超首先使用了"中华民族"这个名词。但战争、移民等因素导致中华民族及其后裔形成了生活在中国本土的和散居海外的这两大类型,二者对于"中华民族"的政治认知并不相同,但文化认知差异不大。[②] 因此,"华族"具有双重属性,一是全球化时代对中华文明的多元一体族群的泛指,即中华民族及其后裔;二是某一国家拥有法律地位的华人群体,是形成该民族国家的重要组成部分,是当地多元族群构成成分。如新加坡的三大种族之一即为华族,同时,华族也是马来西亚、泰国等国家官方承认的民族之一。若非特殊说明,本书所说"华族"概念指称后者,即在某一国家拥有法律地位的华人群体,是当地多元族群构成成分。

(二)华语、华语继承语

"华语"是不同方言群体的华人所使用的共同语,既是华人之间的纽带,也是华人身份的标志。华语也有自己的标准,华语的标准并非由政治力量所推行,而是在历史发展和语言接触过程中所形成的约定俗成的一套标准,是以普通话为基础的华

[①] Leibold, J. Reconfiguring Chinese Nationalism: How the Qing Frontier and Its Indigenes Became Chinese[M]. New York: Palgrave Macmillan, 2007: 203—205.

[②] 关于"海外华人"的相关研究成果,参见 Wang G. W. The Chinese Overseas: From Earthbound China to the Quest for Autonomy, Cambridge: Harvard University Press, 2009. 王赓武. 华人与中国:王赓武自选集[M]. 上海:上海人民出版社, 2013.

人共同语（郭熙、崔乐，2011）。此外，最近学界提出的"大华语"概念，认为"大华语"是以普通话为基础的全世界华人的共同语，是超越普通话或者汉语的上位概念，它涵盖了中国大陆（内地），台湾地区、港澳地区，以及新加坡、马来西亚、印尼、文莱华语等地（周清海，2016，2017；李宇明，2017等）。由于"华语"概念和新近的"大华语"概念内涵基本一致，因此本书使用学界惯常的"华语"说法。"华文"虽然有强调汉字书写的含义，但多数情况下二者通用，因此若无特殊说明，本书"华语"和"华文"同指。

关于华语继承语，He（2006）从华语水平的角度出发，认为华语继承语学习者是在华语家庭成长，会说或至少可以理解华语，同时具有某种程度华英双语水平的人。该定义主要从狭义的角度强调了华裔学习者的家庭语言环境和华语能力。由于海外华人构成多样，他们的华语学习的性质差异很大，有的将华语当作第一语言学习，如马来西亚华人；有的将其当作第二语言学习，如新加坡传统英校学习者。从族裔的角度来说，两国均认为华语是本国华人的母语，可见从狭义的语言水平的角度定义华语继承语无法涵盖多样化的华语学习者类型。本书从广义的角度定义华语继承语，认为华语继承语是海外华人保持传承的语言，强调华语学习的家庭性、文化性和传承性，对华语继承语者的语言水平则不做要求。

二、继承语理论基础

(一) 继承语理论

"继承语"这一术语首先是由加拿大"安大略继承语项目"(Ontario Heritage Languages Programs)提出的。随着大量西班牙裔移民美国,美国外语教学领域开始关注国内少数族裔的母语学习。1996 年,ACTFL (American Council on the Teaching of Foreign Languages,美国外语教学委员会)颁布了《21 世纪外语学习标准》,此后"继承语学习者"这一名词又开始广泛用于指代那些少数族裔语言学习者及使用者,他们关注本民族语言的学习、保持及复兴。"继承语"有广义和狭义的分别(Polinsky & Kagan,2007;曹贤文,2014;邵明明,2018),二者的区别在于是否考虑继承语的语言水平。

广义的的继承语是指与学习者有"某种家庭联系"的语言,而继承语学习者是具有"传承动机"的学习者。代表学者有 Fishman (2001)、Van Deusen-Scholl (2003) 等。如 Fishman (2001) 认为继承语是"与学习者有着某种特殊家庭联系的非英语语言"[1]。Van Deusen-Scholl (2003) 同样强调继承语的情感维度,认为继承语主要是"与生俱来的、有特殊情感关系的,但很少在日常生活中使用的语言"[2]。Hornberger & Wang (2008)

---

[1] Fishman, J. A. 300−plus years of heritage language education in the United States[M] // J. K. Peyton, D. A. Ranard, S. McGinnis(Eds.), Heritage languages in America:Preserving a national resource, Washington, DC & McHenry, IL:Center for Applied Linguistics & Delta Systems, 2001:81−89.

[2] Deusen − Scholl, N. V. D. Toward a definition of heritage language:sociopolitical and pedagogical considerations [J]. Journal of Language Identity & Education, 2003, 2(3), 211−230.

则将其定义为所有除英语之外被少数民族群体使用的语言。继承语可以分为原住民语言、少数族裔语言及移民语言三个类别（Fishman，2006）。与此对应，广义的"继承语者"是对祖裔语言产生兴趣的人，他们在历史与情感上与继承语有显性联系，但这种联系并不一定要在语言上有实际表现（何纬芸、苗瑞琴，2007；Fishman，2001）。例如，只会英语而不懂亚美尼亚语的亚美尼亚裔儿童依然可被视为继承语学习者，因为他们与亚美尼亚语有着重要的个人联结（personal connection），而且未来也可能愿意为下一代进行语言投资，保护亚美尼亚语。此外，他们的学习动机与一般的外语学习者并不相同。由此可见，广义"继承语"的定义焦点在于族裔、文化等宏观角度，强调继承语的家庭性、文化性和传承性。

狭义的"继承语"则从语言教学的视角出发，"继承语因语言环境改变而未能完全习得的母语或第一语言"[①]。Albirini 等（2010）指出，从习得的角度来说，继承语学习者与母语者在某些方面相似，二者都在儿童时期处于该语言的输入环境中；区别则在于继承语学习者的语言输入中断，其输入环境常常局限于家庭、直系亲属或者社区之内。[②] 由此可见，狭义的"继承语"在强调家庭性的同时，更强调其中断性和不完全习得性。也就是说，对于个人而言，继承语是现实存在的，只是在习得过程中由于语言输入环境的改变而导致该语言水平降低。与之

---

① Kagan, O., Bauckus, S. Heritage language education——A new field emerging [M]. New York: Routeledge, 2008.

② Albirini, A., Benmamoun, E., Saadah, E. Grammatical Features of Egyptian and Palestinian Arabic Heritage Speakers' Oral Production [J]. Studies in Second Language Acquisition, 2011, 33(2), 273—303.

对应，狭义的"继承语者"实际上是"继承语学习者"①，是在非英语语言家庭成长的人，他们会说或者至少懂得这门家庭语言，并且在一定程度上具有英语和这门家庭语言的双语能力（Valdés，2000，2001）。也就是说，继承语者是事实上的双语者，因为他们从小就说两种语言，即使这两种语言的流利度有所差异并彼此发生转换（Kagan & Dillon，2012）。

个人的双语能力不是均等的，继承语者的双语能力构成了一个连续统，该连续统的左端是继承语单语，右端是社会主导语单语；从左到右继承语水平逐渐下降，社会主导语的语言水平逐渐上升，二者呈现此消彼长的竞争状态（Valdés，2001）。具体如图2—1所示。

单语人　　　　　双语人　　　　　单语人

A　A$_b$　　A$_b$ A$_b$ A$_b$ AB aB aB Ba Ba Ba Ba$_B$a　　B

图2—1　继承语者双语能力连续统

（二）语言代际变迁

Fishman（1964）提出了"语言转用"（language shift）的

---

① "继承语说话者"（Heritage Language Speaker）首先见于1996年美国国家外语教育标准项目的"外语学习标准"（Standards for Foreign Language Learning）。当时，由于西班牙裔数量不断增加，学界开始使用母语者（Native Speaker）、近母语者（Quasi-Native Speaker）或双语学习者（Bilingual Student）等术语。但上述名词并不令人满意，于是学界转而使用其他术语：如澳大利亚研究者使用"家庭背景说话者"（Home Background Speakers），加拿大则开始使用"继承语说话者"（Heritage Language Speakers），美国与加拿大保持一致，同样使用"继承语说话者"。根据Valdés（2001），继承语并不包括学校内非广泛教授的原住民语言及移民语言，"继承语学习者"（Heritage Language Students）仅指具有家庭语言和英语双语能力的人。由此可见，似乎"继承语说话者"和"继承语学习者"并无区别，二者同指。国外的其他学者的论述也大抵与Valdés论述一致。

概念。当语言族群决定不再使用祖先的语言或不再把它传给下一代，而是转而使用另一种更居主导地位和他们认为更有用的语言时，就出现了语言转用。而一种语言转用至另一种语言通常要历经几代人才能完成。Fishman（1972）根据语言转移模式（Language Shift Model）对移民到美国的欧洲人进行观察，发现成年的第一代欧洲移民在大部分交际领域依旧使用其族裔语；到了第二代，许多移民后裔成为同时掌握当地社会主流语言及继承语的人；到了第三代则基本上成为社会主导语为英语的单语人。据此，吴英成和邵洪亮（2014）提出了以英语为社会主导语言的华裔不同世代的双语能力架构，他们修订了Valdés模式的不足之处，反映出每一代人从幼年到成年的双语能力动态发展和变化过程，具体如表2－1：

表2－1 华裔代际双语能力组合模式

世代	幼年		成年
第一代	a 汉语单语	成年移民后	A/Ab 汉语单语或汉语主导
第二代	a/ab 汉语单语或汉英双语	受学校教育后	Ab/Ba 汉语主导或英语优选
第三代	ab/ba 汉英双语或英汉双语	受学校教育后	aB/Ba 英语优选或英语主导
第四代	ba/b 英汉双语或英语单语	受学校教育后	Ba/B 英语主导或英语单语

综上所述，本书综合考虑继承语理论关于个人双语能力论述及语言代际变迁框架，对新加坡不同代际华人的华语继承语使用情况进行深入考察，以讨论华人个人双语能力差异及语言

代际变迁趋势。

三、华语继承语研究综述

目前,全世界华语学习者中非继承语学习者约为学习者总数的三成,而继承语学习者则约为七成(郭熙,2015)。如在美国,约有34000所大学及25000所中小学为超过15000名学生提供华语继承语教育。以马里兰大学为例,该校高级水平的华语学习者大多为华语继承语学习者(McGinnis,2005)。随着继承语研究的不断深入以及华人移民数量的不断增长,华语继承语研究开始由北美向国际延伸扩展,吸引了越来越多的研究者关注,本书将从语言习得和社会语言学两个角度加以论述。

(一)语言习得角度

1. 华语继承语学习者习得成就更高,语言能力不均衡

一方面,在同等情况下继承语学习者的习得速度高于二语者,华语继承语学习者在听说水平、语法和句子结构方面的表现与非继承语学习者存在显著差异,前者华语水平明显好于后者(Xiao,2006)。如Zhang(2014)研究发现美国华语继承语的大学新生对汉语复句知识的水平介于汉语母语者和汉语作为二语学习者之间,他们对于复句理解能力,在学习英语前就已经习得并一直保持且不断发展。另一方面,华语继承语学习者的各项语言能力发展并不均衡,听说水平与母语者非常接近,读写水平则较低(罗立平,2009;曹贤文,2014);写作词汇口语化,句法表现英语化,缺乏语篇意识。华语继承语学习者在"说"方面的水平接近母语水平,但是"写"的水平只能算"半母语"(刘海咏,2009)。

2. 华语继承语学习动机多元，但研究结论并不一致

关于继承语学习动机的研究，本书主要基于经典的工具动机—融入动机或者内部动机—外部动机的角度进行研究。

首先，有学者认为工具动机在华语继承语学习过程中具有更为重要的作用。如 Wen（1997）通过研究初中及美国大学的华语继承语学习者的习得情况，提出工具动机更重要的观点。Lu & Li（2008）通过分析大学水平的华语继承语学习者和非继承语学习者的多种动机因素，探讨被试的动机与习得成就之间的关系，研究表明工具动机对于继承语学习者的影响更大。Wen（2011）将 317 名继承语汉语学习者和非继承语汉语学习者分为三组：双语组（本人双语，父母均以华语为第一语言）、继承语组（华裔，父母一方以华语为第一语言）和非继承语组（英语为第一语言，非华裔），综合运用社会教育模式、内部动机模式和归因理论探讨三组汉语学习者的态度和动机，结果显示三组被试都具有较强的工具动机，且工具动机对继承语组持续学习华语继承语具有预测性。也就是说，华语是否有助于职业发展及华语在全球经济中的地位影响了继承语学习者未来是否继续学习华语。郑军（2016）指出印度尼西亚青少年华裔学习华语的工具型动机大于融合型动机，其学习目的主要是找到好工作。

其次，也有研究发现融入动机在继承语学习过程中发挥了更为重要的作用。Yang（2003）在研究多种语言背景（华语、韩国语、日语）的华语学习者的动机后，发现融入动机在继承语的学习过程中更为重要。此外，在考察所有学习者相关因素（如所学习的语言、性别、水平等）之后，作者发现继承语相关因素与习得动机关系最为密切，包括继承语背景、家长对继承

语的支持鼓励、朋友之间的继承语使用及继承语学校等。Zhu（2014）从内部动机－外部动机、工具动机－融合动机等综合角度探讨加拿大华裔的继承语学习问题，其研究发现内部动机对加拿大华裔继承语保持和发展具有重要作用，而强烈的民族身份认同感是内部动机的重要源泉。家长对继承语的正面态度和积极参与会促进儿童继承语的习得；继承语学校在民族身份认同建构过程中具有重要作用。

此外，有学者认为继承语学习是多种动机共同作用的结果。Li（2005）研究发现工具动机与融合动机对于继承语的学习均具有重要作用。继承语学习者既想了解自我及文化，也想在未来获得更多工作机会。Comanaru & Noels（2009）研究发现内部动机和外部动机均会影响学习参与度，动机越强烈，华语学习参与度越高。

3. 华语继承语习得受到多种因素影响

从学习者自身来说，移民年龄是影响华语继承语水平的因素之一。Luo & Wiseman（2000）根据研究者自我报告的华语水平和华语使用情况对比了低龄移民组和高龄移民组的差异。研究结果显示，在华语继承语水平和华语继承语使用方面，高龄移民组被试（5岁后移民）的表现显著高于低龄移民组（5岁前移民）；虽然某些继承语学习者的习得是不完全习得，但是这种幼年时期的不完全习得也对继承语未来的学习具有持久的正面影响（Au，2002）。

从外部因素来说，家庭、学校、社区等对华语继承语的习得发挥了重要作用。其中家长的影响最为重要。一方面，家庭作为社会单元在子女华英双语能力发展中具有重要作用，家长在华语继承语的保持和发展过程中起到关键作用（Wu & Field，

2011)。在子女的学前阶段,父母与子女之间的交流所使用的语言是填补代沟的重要手段(Li,1999);家长的态度和行为会影响儿童的华语继承语水平表现;父母对继承语的积极态度和参与会促进子女的习得(Kuo,1974;Wu,2007;Luo & Wiseman,2000);家长的华语水平也会影响子女的继承语习得(Lao,2004);家长会在社会文化、语言知识和认知发展等方面对华裔儿童的继承语保持发挥影响(盛静,2012)。此外,也有研究表明家长参与对继承语的保持和学习有消极影响。Li(2005)从家校关系探讨华语继承语教学并指出,家长在华语继承语学校的过度参与反而会导致学校对家长的依赖度过高,进而引发学校教学水平下降、教师准备不足等问题。在此笔者建议华语继承语学校重视与中国留学生联系,与本土大学华语教学相关项目开展合作,提高华语继承语学校的教学水平。此外,家长的想法和做法之间可能存在差距。即使家长对继承语的保持和发展持积极态度,但是在实际操作层面却不一定能够成功。Fang(2018)综合以往研究,发现家长对继承语保持的认知会因现实考虑而发生改变,不同的期待、不同的阶段和原因会导致其认知发生变化。虽然家长有责任努力,充分利用家庭因素和外部资源,但有些家长缺乏热情,有些家长本身就发生了语言转用现象。

(二)社会语言学角度

1. 国家政策对华语继承语的保持和发展具有重要影响

一方面,随着文化多元主义的兴起,世界各国对待华语教育的态度由"问题观"转为"资源观"。华语已成为重要的文化资源。在美国,国家层面陆续出台相关政策支持保障华语继承语的教学和发展,如华语K—16国家教育安全项目(The National Security Education Program's Chinese K—16 Pipeline Project)、中美文化交流法案（The United States-China Cultural Engagement Act）以及 AP 中文课程及中文考试的开发等。① 在东南亚，华语教学从明令禁止转变为逐步放开。根据吴应辉、何洪霞（2016）对东南亚国家语言政策的历时分析，东南亚的华语教学经历了两次低潮，目前处于"良好发展期"。另一方面，国家政策对华语传播的影响具有国别差异性。就东南亚来说，马来西亚的单一文化政策促使华人社会更加团结，华语和华人文化传承意识更加强烈，华文教育更有成就。缅甸 20 世纪 60 年代发布的华文教育禁令至今尚未解除，华语教学仍未取得合法地位，其国家政策严重制约着华语教学的发展。新加坡的语言政策导致其逐渐转变为英语国家，华语的地位逐渐下降，传承乏力。可见政府政策对族群语言转移有着巨大的影响力，新加坡大规模的语言转用现象基本上是政府语言政策作用的结果（徐大明、李巍，2007）。

2. 家庭语言规划是华语的继承语保持和发展的关键

家庭语言规划是"在家庭范围内，对家庭成员之间的语言使用进行明确和公开的规划"②。家庭语言规划向上可反映国家政策导向，向下可影响个人语言规划，对社会弱势语言维持和语言传承具有重大意义（Li，2006；Law，2015；Curdt－Christiansen，2013，2018；白娟，2017）。首先，家庭语言意识形态是华语得以保持并传承的关键，父母可以帮助发展子女的语言和读写能

---

① Mcginnis, S. More than a silver bullet: the role of chinese as a heritage language in the united states[J]. Modern Language Journal, 2005, 89(4), 592－594.

② King, Kendal A., Fogle, L. W. Family Language Policy[C] // T. L. McCarty, S. May(Eds.), Language Policy and Political Isues in Education. Springer International Publishing, 2017.

力，强化文化认同，这对华语继承语语言保持有至关重要的作用（于善江，2006；Zhang，2008，2011；魏岩军等，2012，2015a，2015b；洪丽芬，2010；Law，2015 等）。其次，子女在家庭语言规划中具有能动性，在语言社会化和语言实践过程中具有主体性（Curdt-Christiansen，2013）；融洽的家庭关系有助于华裔儿童的语言保持，而他们的华语继承语保持程度也会影响家庭凝聚力的形成，语言保持程度越高、家庭凝聚力越强（Tannenbaum & Howie 2002）；最后，家庭经济水平、家长社会资源等方面也会影响家庭语言规划。不同收入水平的家庭对华语的需求并不一致，收入较低和较高者对孩子说华语的期望较高，而中等收入的家长则没有那么迫切（Curdt-Christiansen，2009；康晓娟，2015）。

3. 华人转用当地语言，华语传承状况堪忧

共时的语言使用情况调查发现，海外华人社会的语言使用情况已经发生变化，华人更倾向于使用当地语言。如郭熙、李春风（2016）对东南亚六国华人语言使用情况进行调查，发现东南亚华人虽然对华语感情深厚，但是对居住国通用语言地位的认可度与日俱增。黄霞、游汝杰（2013）对新加坡华族中学生语言使用状况进行了调查，发现学生母语为汉语方言的占89%，华语为0.6%；在家庭中华语使用率为23.2%，汉语方言使用为3.6%，语言使用呈现一种不稳定的双语状况，大致上保持着由华语转用英语的趋势。Sachdev 等（1987）针对加拿大两个不同世代的华人移民进行了语言使用的调查，结果发现两代人对汉语的使用率皆低于英语，其中第二代在包括家庭的所有交际领域中对汉语的使用率要低于第一代。Li（1994）以社会网络理论为分析框架，对英格兰北部城市纽卡索市的华人社

区进行调查后发现，不同代际间华人的语言使用模式正在从汉语单语模式转移到以英语为主导的汉英双语模式。陈颖（2008）调查了美国纽约地区华人家庭中不同年龄成员的家庭用语选择及语言认同上的差异，研究显示交谈常用语在美国华人家庭的使用呈现出明显的代际差异。由于家庭使用继承语的比例逐代降低，家庭主要语言正由方言转向英语/普通话。沈玲（2015）调查了印度尼西亚新生代华裔的继承语使用情况，发现华人家庭各成员的语言能力呈代际变化，其原因在于印尼政府实行的华人同化政策客观上阻碍了华语在家庭内部代际传播。郑军（2016）调查了印尼棉兰青少年华裔（第三/四代）的语言使用情况，发现华语使用比例最低。沈玲（2016）对菲律宾新生代华裔展开问卷调查，发现大多数菲律宾华人家庭都能较为熟练地运用菲律宾语和英语进行交际，新生代华裔在华语传承方面较为坚持，但其对华语文字的掌握情况不容乐观。

综上所述，华语研究历史悠久，但是从继承语角度切入的研究正处于起步阶段。目前研究集中于国外，国内研究大多从微观习得层面探讨华语继承语习得，从宏观层面探讨华语继承语的研究较少；专门针对新加坡的华语继承语研究大多关注国家语言政策，家庭语言规划研究零星出现，华语使用情况相关调查有待加强。此外，研究方法以体验观察居多，缺乏多种研究方法的有机结合。

第二节　关于华语继承语与华人身份认同的关系研究

语言是民族文化的重要组成部分，共同的语言把集体成员紧密联系在一起，形成一致的文化归属和身份认同。因此，语言是族群成员自我认同的重要因素，是传递族群文化的重要方式和途径，是维系身份认同的基础之一。语言与认同的关系在国际上早已成为社会语言学、二语习得等领域的重要研究课题（高一虹等，2008）。继承语的学习不仅是语言的学习，而且也是身份建构的需要（Carreira，2004；Mu，2015）。不同种族群体的民族认同感和继承语的熟练程度之间存在统计学上显著的正相关关系（Mu，2015）。下面本书就华语继承语和华人身份认同关系国内外研究情况进行相关回顾。

一、华语是华人身份的重要表征

随着全球化的加速，在多民族、多语言和多国籍的人群中，人们都既不想失去自己的身份，同时也想知道别人的身份以方便交流。身份认同是通过语言产生的，而最简单有效表明自己身份和判断他人身份的手段就是语言。学习华语继承语，既是重建继承语学习者与母文化的联系，也是为了凸显自己与主流文化的差异，华语继承语的学习不仅是保持语言和文化身份，同时也是语言和身份的重构（Chao，1997；He，2004，2006）。根据 Chiang & Yang（2008）对墨尔本20名华人的深度访谈结果，可知华语既是华人与同说华语的其他人进行交往的工具，也是构建其华人认同的工具。如果不会说华语，那么其身份认同倾向于居住国。同时，无论在学校还是在工作单位，被试都倾向于与同有华文背景的中国人交往，华语在工作领域、同侪关系等方面都会起到塑造身份的作用。Chan（1991）认为亚裔美国人在适应美国社会的过程中经受了双重认同的问题——他们既是移民又是少数民族。作为移民，他们很多人遇到和欧洲移民一样的困扰，都需要掌握相应的语言以融入当地主流社会。但与欧洲移民明显不同的是，华人不是白种人，肤色不同的他们常被视为始终无法完全融入美国社会的"永远的外国人"[①]。无论海外华人能将当地语言说得如何流利，"华人必会说华语"是西方人对华人的强烈刻板印象（Mu，2016）。总之，无论主动还是被动，会说华语符合当地主流族群对华人的天然期待，是华人之所以为华人的重要指征。

二、华语继承语水平影响华人的身份认同

Wong & Xiao（2010）从想象共同体、语言霸权和语言投资三个方面阐释了其身份问题，研究发现华语学习者的语言学习是为了融入更大范围的华语社群。从语言角度来说，华语继承语的学习投入越多，其在全球化过程中获得的文化资本就越多，更多的文化资本强化了语言学习者的身份认同。Oh & Fuligni（2010）研究发现华裔学习者的继承语水平与其族群身份认同正相关。朱雯静、王建勤（2012）的研究也有类似发现，他们指出华语水平的高低对认同影响明显，无论华裔还是非华裔，其认同程度都显示出随着汉语水平的提高而加强的趋势。此外，在语言、文化和族群认同方面，东南亚华裔群体都明显好于非华裔群体。萧旸（2017）使用调查问卷法探讨美国加州华裔大学生的汉语学习焦虑与民族认同之间的关系，结果显示美国华裔大学生对自己传承语能力的评估与其民族认同之间存在正相关，而语言能力的发展往往能降低语言焦虑感。关于美籍华裔青年人的其他相关研究也表明了其华语水平与族群归属感、族群身份

[①] 参见 Chan, S. Asian American: An Interpretive History [M]. Boston: Twayne Publisher, 1991.

认知及其对中国历史文化探索同样呈正相关（Kiang，2008）。

三、华语地域变体影响华人的身份建构

华人群体内部使用的语言以及华人和非华人交往时所使用的语言是区分华人群体内"我群"与"他群"的重要标志。语言也可以将华人内部的不同类型区分出来（陈志明，1999）。有研究表明说方言的华人对其方言的认同度高于华语，因而他们常从地域角度界定自己的身份（Wong&Xiao，2010）。Wu & Leung（2014）研究显示方言背景的学生在学习普通话并将其作为继承语时会遇到困难，因此需要重新审视方言背景华裔学习者的生活经历，提升其对华语的认同感。Li&Ng（1997）的调查发现，虽然潮州人是新加坡华人的第二大来源，但是潮州社区年青一代已经放弃方言，就算在家庭领域，也转用华语或是英语。他们在语言态度上重视语言的工具性价值，又把语言和族群认同分割处理。由于华语和方言同样承担着不同的角色，而方言使用者群体较之华语使用者群体的社会地位更低，华语的霸权地位和身份建构的经济转向，使方言继承语学习者转至华语学习，其身份认同也相应发生转变。Hsu等（2006）的研究则探讨了更广泛意义上的华语变体对认同的影响。

四、华人身份认同影响华语继承语使用和学习

身份认同影响华语继承语的学习（Wong，1996；Norton，2000）。与非华裔相比，华裔在华语学习过程中，与父母交流动机、情感动机更为强烈，其语言水平也更高（邵明明，2018）。Comanaru & Noels（2009）研究发现继承语组和非继承语组的动机具有显著差异，继承语组更明确华语是自己不可或缺的一

部分，自己有学习华语的责任和义务，因而更多地投入华语学习过程中。Zhu（2014）在对加拿大华裔的继承语学习问题进行研究时，发现强烈的民族身份认同感对加拿大华裔继承语保持和发展具有重要作用。此外，华人语言的保持和转用受到入籍时间、经济水平、政治地位等多重因素影响，华人继承语水平的变化既是华人社会转型的现实反映，又与华人身份认同变化息息相关。随着20世纪50－90年代传统华侨社会向华人社会的转变，华人的政治认同变化导致了其语言选择的分化。有的华人保持了较高的继承语水平；有的华人的华语能力则很弱，处于转用过程的中间状态；有的华人则已经完全与华语脱离（韩晓明，2018）。因此，有学者认为华人族群认同的存续不一定在于汉语使用的存续，但是文化中的语言部分可表现认同的类型（陈志明，1999）。

综上所述，认同和语言之间关系非常复杂，二者相互影响，彼此成就。华语继承语与身份认同的相关研究揭示了二者的相关关系。但是总的来说，国外研究较多，国内研究还比较缺乏，需要学界予以更多的关注和讨论。

本章对本书涉及的概念进行了统一界定，详细阐释了华语继承语相关概念的内涵和外延，并提出了一些思考。总的来说，继承语研究是语言学科新兴的研究领域，华语继承语的相关研究也处于起步阶段，而华语继承语的使用和学习者主体身份高度相关。本章简要介绍了华语继承语及语言身份认同二者互动的研究成果，发现目前关于新加坡的研究比较少，亟待加强。

第三章

华语主导的第一代

第一节 关于华语继承语的研究

在43名新加坡第一代华人被调查者中,新移民20人,传统华校生23人;男性为19人,女性为24人;平均年龄为50.74岁,年龄最大者为88岁,最小者为18岁;37.21%为大学及以上学历,6.98%为理工学院背景,9.30%为初级学院(相当于中国的高中)学历;34.88%为初中学历;6.98%为小学学历,另有4.65%未具学历。

20名访谈对象构成如下:10名为第一代移民(以下简称"新移民"),平均年龄为35.4岁;10名为传统华校生,平均年龄为65.2岁。

下面本书从语言偏好与优势语言、使用场域、交际对象、能力水平、语言传承等角度就第一代华人的继承语使用情况加以论述。

第二节 华语为主,英语为辅

一、语言偏好与语言优势

量化结果显示:39.53%的被调查者只说华语,48.84%的被调查者偏好说华语,另有 11.63% 的被调查者对于华语与英语无特别偏好。可以说绝大多数的第一代华人偏好说华语。关于优势语言,调查结果显示 62.79% 的被调查者认为自己的优势是华语,34.88% 的被调查者认为自己第一语言为华语,第二语言为英语,2.33% 的被调查者认为自己是"英语 1 华语 2"的双语人,没有被调查者认为自己具有英语优势。访谈结果质性分析见表 3-1。

表 3-1 第一代华人语言偏好质性分析

	一级	二级	三级
社会场域	传统华校生 G1-11 ~ G1-20	方言多种 语言多样 华语偏好	"我说潮州话""我的潮州话最好了。" "歌仔戏属于福建话、闽南语,早期听不懂,现在慢慢听懂了""我们的华语不精,不标准。我们的乱掺啊,掺点福建话,掺点马来话,不像中国这样标准。" "英语只是普通的,……英语看不了,听还听懂一点。" "英语只会 ABC 而已,做工学英语,学马来语。" "还是偏好说华语……总体来说,我的华语的优势也大大优于英语。" "听说读写方面,我的华语流利度高于英语。我的语言偏好是华语,毕竟华语是我儿时习得的语言。"
	新移民 G1-01 ~ G1-10	华语偏好 英语较强 内部分化	"可以自如地实现华语和英语之间的转化。" "我认为我是一个华语为第一语、英语为第二语的双语人。" "我从理工学院毕业后,来到新加坡,所以我的华语听说读写能力都非常强……我的华语的优势也大大优于英语。" "虽然来到了新加坡这么多年,但是华语是从小一直说到大的一种语言。而且我的妻子也更喜欢说华语。"

由表 3-1 质性分析可以看出:

第一代华人对华语的使用具有心理偏好。G1-02 表示即便工作中有时会用到英语，但还是偏好说华语。此外，第一代华人的语言偏好和语言优势保持一致，基本都认为个人的华语优于英语。G1-04表示虽然来新加坡很多年，但自己还是讲华语更有优势。

传统华校生更喜欢说方言。相对中国移民来的第一代华人来说，传统华校生在生活中更多使用方言。由于新加坡的土生华人大多来自福建、广东、海南等地，因此他们使用的方言以福建话、广东话、海南话为主，且多数传统华校生不只会一种方言，语言多样性程度较高。

新移民英语水平更高。来自中国的新移民大多受过高等教育，具有较高的教育水平和个人素质，因此英语水平更高。G1-03表示自己是一个以华语为第一语、英语为第二语的双语人。而传统华校生在就读期间，英文作为单科学习，时长较短，学校教育全面英化之后较难适应，英语学习更多依靠工作之后通过语言环境的自然输入或者个人进修，因此水平一般。总之，新移民大多在中国接受了系统的英语教育，移民新加坡后社会的英语环境和工作需要进一步强化了他们的英语能力；而传统华校生处于新加坡教育转型时期，英语学习比较零散，所受英语教育未成体系，所以他们的英语水平反而不如新移民。

新移民内部华语存在差异。调查发现有的新移民在中国完成了从小学、中学到大学的完整教育历程，而有的新移民则只是在中国完成义务阶段的教育，二者语言能力存在一定差异，前者的华语更显优势，而后者缺乏前者"断言式"的信心。如G1-02在中国完成高等教育，毕业后来到新加坡，所以他对个人华语能力非常自信，认为自己"华语听说读写能力都非常强，我的华语的优势也大大优于英语"；而G1-03只在中国接受基础教育，后续教育在新加坡完成，虽然他同样认为自己有华语优势，但更强调自己"双语人"的特征。

二、使用场域

（一）家庭场域

量化结果显示，新加坡第一代华人家庭常用语言为华语，语言优势也多为华语。86.05％的第一代华人家庭常用语为华语，13.95％的第一代华人家庭常用语为福建话、潮州话等方言。此外，将方言作为家庭常用语的被试均为传统华校生。

第一代华人家庭域语言使用状况质性分析结果见表3－2。

表3－2 第一代华语家庭域语言使用状况质性分析

	一级	二级	三级
家庭场域	传统华校生	方言	"方言会福建话。" "歌仔戏以前很喜欢，现在看得少了。"
	新移民	普通话 华语 中国人	"但是我与家人在一起的时候，还是会用普通话交谈。" "我的先生也是从中国北京移民来新加坡的，所以在家里我们都很自然地讲华语。" "父母是上一辈的中国人，也不会说很多英语，所以我们之间肯定是说华语的。" "说华语可以让我们感觉更加亲切和习惯。" "华语是从小一直说到大的一种语言。"

由表3－2可见，第一代华人家庭域语言使用具有如下特点：

传统华校生以华语/方言为主。虽然传统华校生具有华文教育背景，但是在实际家庭生活中，他们并不只是使用华语，也会同时掺杂使用方言。研究发现家庭常用语为方言的被试大多是年纪比较大，年龄介于55岁88岁之间的人。由于新加坡"讲华语运动"发起于1979年，当时被试年龄最小者也已经达到16岁，其语言能力发展完备，方言水平远远高于华语水平，这导致"讲华语运动"对他们的个人语言生态影响有限，因而其家庭常用语兼有华语和方言，且某些被试更常使用方言。

新移民以华语（普通话）为主。由于新移民在中国接受过普通话教育，其伴侣也大多同样来自中国或者是说华语的新加坡华族，因此家庭常用语以华语（普通话）居多。经分析发现，新移民在家更愿意说华语主要有两个因素：一是工具需要，由于其他家人不会说英语，所以华语成为家庭交流工具。二是情感需要，华语能显示出亲密关系，说华语让人感觉更亲切、更习惯。

（二）社会场域

具体来说，传统华校生和新移民在社会场域的语言使用表现存在一些差别，传统华校生全场域倾向使用华语，而新移民表现出华语优先，因地制宜的特点。具体情况见表3-3。

表3-3 第一代华人社会场域语言使用状况质性分析

	一级	二级	三级
社会场域	传统华校生	全场域	"英语一点点。" "政府、银行也说华语。" "我在乌节路逛商场的时候也是说华语多，虽然他们上来会先讲英语。"
	新移民	华语优先 因地制宜	"我喜欢优先使用华语交流。" "当然用英语的情况也是有的，但是在这些场合里用华语是我的首选。" "在不同的场景我需要使用不同的语言" "而在购物商场、西餐馆、医院、银行或者政府部门这些场所时，我就会自动切换成讲英语的模式。"

传统华校生在各个社会场域均倾向使用华语。G1-11指出

虽然现在新加坡通用英语，但是自己还是用华语多，就算去政府、银行也说华语。究其原因，主要是他们英语能力有限，日常交流时使用华语会更得心应手。而在银行、政府机构等场所涉及的重要事务较多，使用华语也可以更加准确完善地表达个人意愿，降低误解概率。

新移民语言选择倾向明显：华语优先，但是也会因地制宜。新移民在巴刹、食阁、小贩中心、超市等场域具有和传统华校生一致的语言选择。但是在购物中心、百货公司、银行以及政府等正式场所的语言使用上，与传统华校生存在比较明显的区别。较之传统华语生在上述两类场域语言选择的不明显分化态度，新移民在后者涉及的场所则更为遵守新加坡社会的语言规约。

虽然传统华校生和新移民在社会场域的语言使用情况有细微差别，但总体来说第一代华人社交场域华语和英语的选择分化态势并不明显。传统华校生和新移民都具有优先使用华语的倾向。综合来看，第一代华人在社会场域的语言选择与其语言偏好及优势语言具有一致性。

三、交际对象

不同的社会关系，也会导致语言使用上的不同点。下面我们将从纵向关系（长幼之间）和横向关系（平辈之间）两个方面进行探讨。

（一）纵向关系

"祖父母—父母—子女"之间的关系构成纵向关系，三者又因不同的代际而形成了两组父子关系。通过分析纵向关系交际对象的语言使用，我们可以从侧面观察语言在代际间的变化。

通过调查第一代华人与父母、子女之间所使用的语言,我们可以推断第一代华人内部纵向关系的语言变迁。

根据本书调查结果,97.67%的第一代华人被试与父母使用华语或者方言交流;除去无子女的调查对象,66.67%的被调查者使用华语或者方言与子女交流;30.30%以"华语1,英语2"的方式与子女进行沟通;另有3.03%的被调查者首选英语跟子女沟通交流。该数据说明新加坡第一代华人尚可完整保存华语继承语的水平,与子女沟通也会优先选择华语,但是不可否认,子辈的华语能力已经出现退化征兆。统计结果见图3-1。

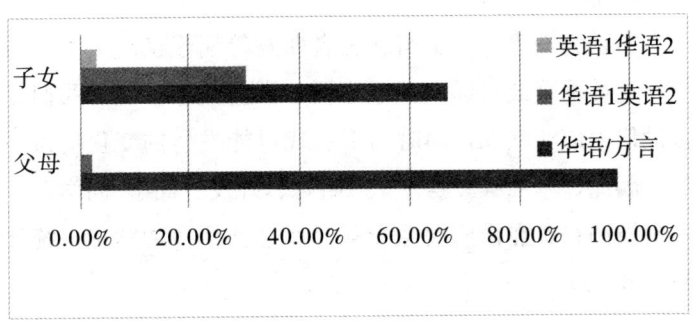

图3-1 第一代华人纵向关系语言使用状况

既往研究表明,父母跟子女沟通所使用的语言与子女跟父母沟通所使用的语言是有区别的。Choi(2014)调查生活在美国的韩国移民语言行为时发现,父母跟子女沟通时,父母更多使用母语,而子女更多使用英语。[①] 我们的调查结果与此类似:第一代华人与其父母沟通基本完全使用华语,而与子女沟通时,

---

① Choi, J. K. Identity and language: Korean speaking Korean, Korean-American speaking Korean and English? [J]. Language & Intercultural Communication, 2015, 15(2), 240-266.

"只使用华语"者占比51.16%,两成以上的人会辅以英语,这说明第一代华人的子女使用英语的频率存在上升趋势。由于他们的华语水平有所下降,父母在与他们的沟通过程中更多选择"华语1 英语2"或者"英语1 华语2"的交际模式。访谈结果也从侧面证实了本书的发现。如G1-02表示在家里和父母说方言或者华语,和孩子大多数的时候说华语,但有时也说英语;G1-13表示跟他们还讲华语,但是又不会讲方言了;G1-20表示家里跟儿子辈说话时会掺杂华语和方言,而孙子辈大多数都说英文,"所以我跟他们讲一点华语,慢慢讲,难沟通了"。

(二)横向关系

本书认为夫妻、兄弟姐妹或者朋友等属于横向关系,与父母子女这类垂直或者纵向关系不同,横向关系可以为我们提供更多世代内部的状态,同时为下一代可能发生的变化提供一些线索。因此,本书从夫妻、兄弟姐妹、好友、同事/同学四个方面考察被调查者在横向关系交际时所选用语言的状况,统计结果见图3-2。

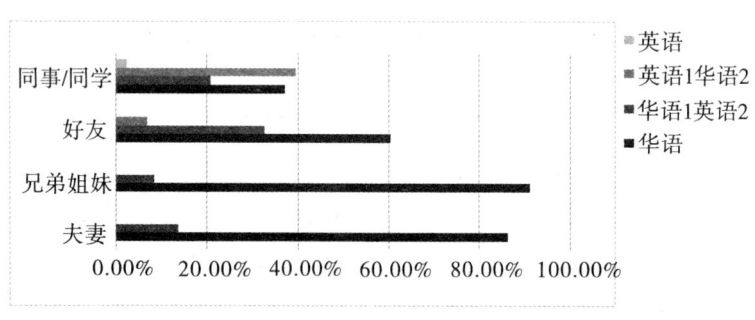

图3-2 第一代华人横向关系语言使用

首先,总体来看使用华语或者优先使用华语进行交际涉及所有关系类型。同事/同学、好友、兄弟姐妹、夫妻之间使用华语沟通的比例均超过 50%。

其次，华语使用情况存在内外差异。虽然上述四种关系都是平辈之间的横向关系，但是兄弟姐妹和夫妻属于家庭内部关系，而同事/好友和同学属于家庭外部关系。调查结果显示内部关系交流时只用华语或优先使用华语。这说明在家庭内部，华语依然是具有强势地位的语言；外部关系交流中英语使用频率逐步上升，英语的重要性逐渐凸显，其共同语（common language）的功能得以体现。有研究表明当某族裔的母语或继承语不是社会主流语言时，则该语言更常用于家庭域（Baker, 2003; Choi, 2004, 2005a, 2005b, 2007; Dorian, 1981; Paulston, 1994）。由此可见，第一代华人在语言使用方面既体现出"内外有别"的中华文化内涵，又体现出不同语言的功能差异。

综上所述，在与不同交际对象沟通交流时，第一代华人所使用的语言在纵向关系方面表现出"传承退化"的趋势，在横向方面则表现出"内外有别"的特点。

第三节　华语水平高于英语水平

本书中对语言水平的判断使用自我评估法（self-assessment）。被调查者对自己的华语听、说、读、写及英语听、说、读、写进行评分，同时对自己的华英互译能力进行评估判断。之所以采用该方法进行评测，是因为受客观条件限制：在有限的调查和访谈时间内无法同时进行语言水平测试。此外，有研究表明在一定条件下自我评估可以作为测量第二语言水平的有效手段（LeBlanc & Painchaud, 1985）。

一、华语整体水平高于英语

首先，本书调查发现绝大多数第一代华人被调查者对自己的华语能力很有信心；而他们对自己英语水平的主观评价则明显低于华语。统计结果见图3-3。

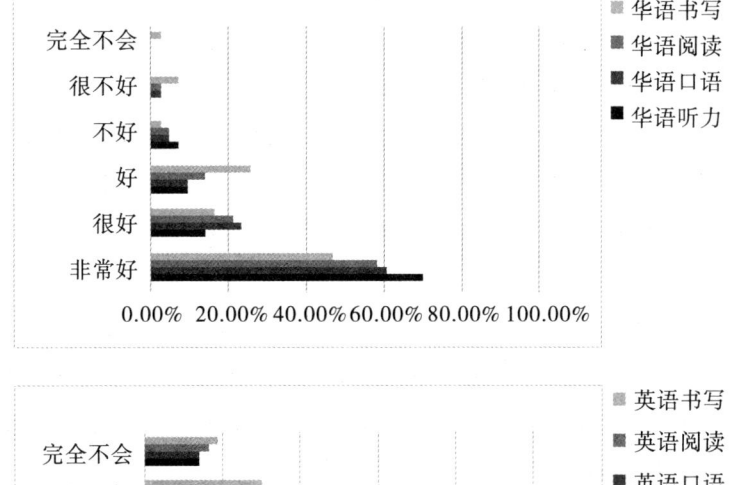

图3-3 第一代华人语言水平

经过Wilcoxon符号秩检验，结果显示，第一代华人整体的华语水平和英语水平①具有极其显著的差异（$Z=-5.263$，$P=0.000<0.01$），具体表现为华语水平高于英语水平，统计结果详见表3—4。

表3—4 第一代华人英语水平－华语水平比较

英语水平－华语水平		N	秩均值	秩和
	负秩	36[a]	19.36	697.00
	正秩	1[b]	6.00	6.00
	结	6[c]		
	总数	43		

a. 英语水平＜华语水平
b. 英语水平＞华语水平
c. 英语水平＝华语水平

其次，通过对比华语和英语的各分项技能水平，发现第一代华人的华语听说水平与英语听说水平存在显著差异（$Z=-5.350$，$P=0.000<0.01$）；华语读写水平与其英语读写水平存在显著差异（$Z=5.194$，$P=0.000<0.01$）；英译华水平和华译英水平也同样存在显著差异（$Z=-3.207$，$P=0.001<0.01$）。由此可见，第一代华人在继承语各子技能上的表现均高于英语。具体见表3—5。

---

① 被调查者的整体华语水平是其华语听、说、读、写所有评分相加之后的得分均值；整体英语水平是被调查者英语听、说、读、写所有评分相加之后的得分均值。

表 3-5　第一代华人华语-英语分项技能比较

		N	秩均值	秩和
华语听说－英语听说	负秩	0[a]	0.00	0.00
	正秩	37[b]	19.00	703.00
	结	6[c]		
	总计	43		
华语读写－英语读写	负秩	1[d]	5.50	5.50
	正秩	35[e]	18.87	660.50
	结	7[f]		
	总计	43		
英译华－华译英	负秩	1[g]	7.50	97.50
	正秩	13[h]	7.50	7.50
	结	29[i]		
	总计	43		
a. 华语听说＜英语听说	d. 华语读写＜英语读写		g. 英译华＜华译英	
b. 华语听说＞英语听说	e. 华语读写＞英语读写		h. 英译华＞华译英	
c. 华语听说＝英语听说	f. 华语读写＝英语读写		i. 英译华＝华译英	

最后，41.86%的被调查者只看华语的电影及电视节目，58.14%的被调查者既会看华语电视电影又会看英语电视电影。在阅读报纸书籍方面，67.44%的被调查者只会看华语出版物；32.56%的被调查者既会看华语出版物也会看英语出版物，二者具有显著差异（$Z=-3.317$，$P=0.001<0.05$）。调查发现，新加坡第一代在电影电视节目的选择方面更为倾向两种语言都选择，经访谈甚至发现大家之所以选择收看欧美影视节目，是因为此类节目大多配有华文字幕。这从侧面表明第一代华人的语言偏好依然是华语。如 G1-02 表示观看的电视节目，阅读的

报刊和书籍都是华语。G1-05则表示即使平常看英语的电视节目和电影,也会选择有华语字幕的,个人偏多用华语获取信息和进行学习。这从侧面证明第一代华人的继承语水平高于英语水平。

二、华语继承语内部不平衡

(一) 接受性技能好于产出性技能

经过Wilcoxon符号秩检验,第一代华人的华语接受性技能(听力和阅读)水平与产出性技能水平(口语和写作)[①]之间存在非常明显的差异($Z=-2.704,P=0.007<0.05$),其华语接受性技能水平高于输出水平。具体统计数据见表3-6。

表3-6 第一代华人华语接受性技能-产出性技能比较

秩均值				
		N	秩均值	秩和
华语产出性技能－华语接受性技能	负秩	10[a]	6.00	60.00
	正秩	1[b]	6.00	6.00
	结	32[c]		
	总数	43		
a. 华语读写<华语听说				
b. 华语读写>华语听说				
c. 华语读写=华语听说				

(二) 听说水平高于读写水平

经过Wilcoxon符号秩检验,第一代华人听说水平与读写水

---

① 被调查者的华语接受性技能水平是听力和阅读得分相加之后的均值,输出技能水平是其口语和写作得分相加之后的得分均值。

平之间存在非常明显的差异（$Z=-3.703$，$P=0.007<0.05$），其华语听说水平高于读写水平。具体统计数据见表3—7。

表3—7 第一代华人华语听说—读写水平

秩均值				
		N	秩均值	秩和
华语读写—华语听说	负秩	17[a]	9.00	153.00
	正秩	0[b]	.00	.00
	结	26[c]		
	总数	43		
a. 华语读写＜华语听说				
b. 华语读写＞华语听说				
c. 华语读写＝华语听说				

三、新移民和传统华校生语言表现差异明显

经过Mann-Whitney U检验，新移民的华语水平明显高于传统华校生的华语水平（$U=122.5$，$Z=-2.998$，$P=0.003<0.01$）；新移民的英语水平同样明显高于传统华校生（$U=50.5$，$Z=-4.45$，$P=0.000<0.01$）。

综上所述，通过对第一代华人语言水平的量化比较和质性分析，我们总结出如下结果：（1）第一代华人的华语继承语水平高于英语水平；华语听说水平高于英语听说水平；华语读写水平高于英语读写水平；（2）第一代华人的华语继承语水平并不平衡，华语接受性技能强于输出性技能，听说能力高于读写能力；（3）新移民的华语水平好于传统华校生。

对于上述情况，本书分析原因如下：

首先，关键期的重要影响。本书所说的新移民之前生活在中国，均在中国完成了基础教育，之后才移居新加坡。也就是说，他们在语言学习的"关键期"之前完成了华语习得；同样，传统华校生在新加坡统一教育源流之前，华语能力就已基本完备，英语教育对他们的语言影响也很有限。

其次，家庭语言使用对华语保持的重要作用。家庭在华语传承过程中具有重要的"堡垒"作用。如前分析，第一代华人的家庭常用语多为华语，家庭成员之间沟通也多使用华语，这无疑为华语继承语的保持提供了良好的外部输入环境，促使其华语继承语水平得以保持。

再次，不同技能的难易度有异。以往研究表明，语言学习的接受性技能较之产出性技能更容易获得，因此对于第一代华人来说，虽然语言环境导致输入量增加，但是输出水平仍然表现欠佳。访谈发现，很多第一代华人喜欢阅读华文报纸书籍，但是生活中并没有很多需要使用华文书写的机会。同时，相对于读写能力来说，第一代华人的华语听说能力表现更好。主要原因在于第一代华人的听说能力在实际生活中拥有更多锻炼机会，而阅读和写作方面的练习机会则不多。

第四，传统华校生低估华语水平。一方面，他们会不自觉地将自己华语水平与自己的方言水平对比，从而得出自己的华语水平一般的结论；另一方面，他们也会把自己的华语表现跟新移民的普通话进行比较，并以普通话作为华语的标准。如G1-16被试提道："我们的华语不精，不标准。我们乱掺啊，掺点福建话，掺点马来话，不像中国这样标准，新加坡人的华语水准没有这么高。"此外，个人估计偏差可能也是导致华校生华语水平低于新移民的原因之一。以往研究表明,高水平被试倾向低估自己的表现(Cassidy,2007;Leach 2012;hsan Ünaldi,2016),访谈发现很多传统华校生的华语能力其实很强,但他们也倾向保守估计自己的华语水平。

最后,新移民大多是以升学、就业等方式进入新加坡的,一般具有较高的英语水平;而传统华校生由于当年教育政策的影响,一般很难就读以英语为教学媒介语的高等学府;他们中一部分人去中国求学,另一部分就此放弃学业,从而导致新移民的英语水平高于传统华校生。

第四节　双语导向,母语坚守

量化研究显示,32.56%的被调查者认为抚养孩子的理想语言是华语,67.44%的被调查者认为华英双语才是抚养孩子的理想语言模式。由于新加坡推行以英语为主导语的双语政策,因此这样的结果显示了第一代华人对新加坡社会的顺应。

访谈结果显示,第一代华人对子女教育的语言选择可以细化为三个"派别":一是华语派,二是双语派,三是无意识派。具体见表3—8。

表 3-8　第一代华人语言传承质性分析

一级	二级		三级
语言传承	华语派 G1-01 G1-03 G1-06 G1-16 G1-17 G1-18 G1-19	环境 华人血统	"儿子在英文上的教育，现在也仅限于 26 个字母的认读和辨识，我们并不担心他的英文能力以后会跟不上。" "我对于抚养孩子的理想语言是只有华语，我希望我的下一代可以讲华语。" "他华语交流方面吧，这边有的时候小四、小五还赶不上（国内）小学一、二年级的程度……因为他不缺英语环境，在新加坡，缺少的是华语环境。" "从小要打好一个基础。所以有孙子的时候，我要跟他讲华语。" "教育孩子应该是华语，因为学校会教英语；尽量跟孙子讲华语。" "不管他生活在哪个国家，他都应该知道自己的华裔血统。"
	双语派 G1-02 G1-05 G1-07 G1-08 G1-09 G1-10 G1-11 G1-13 G1-20	国家政策 未来优势 华人血脉	"我们非常希望孩子能熟练掌握两种语言，我想这是他工作和学习的优势。" "我希望我的孩子至少能够接受双语教学，掌握两个大国的语言，从我目前经验看，已经是一件十分必要的事。" "新加坡独特的双语政策，正是当时我选择留学的主要原因之一，因为这里既保留了华语传统文化，又可以接受英式的教育，对于我的下一代，我当然希望他在这里可以接受良好的教育，成为优秀的双语人。" "孙子还小，以后最好两种语言都会会，是最好。只会华语不行。因为工作很多地方都要用，所以一定要会英语。" "等以后有了孩子，我希望他能掌握华英两语。生活在新加坡，英语是官方使用语言，这是必须要会的，但是我希望我的孩子也不要忘记他的华人血脉，不能丢弃华语。"
	无意识 G1-04 G1-15	顺其自然	"随便她们了。" "抚养孩子的理想语言无所谓了。"

首先，华语派的家长非常坚决地选择单一语言作为抚养孩

子的理想语言。很多家长认识到目前新加坡英语为主的语言政策倾向性,所以他们并不担心孩子的英语水平,反而担心孩子的华语保持问题。"华语派"家长重视语言传承主要出于以下因素。(1) 身份认同,如 G1－03 指出:"我想让孩子知道不管他是哪国人,不管他生活在哪个国家,他都应该知道自己的华裔血统,这是一个关于身份认同的很严肃的问题。"同时被访者也表示,之所以选择移民新加坡,也是因为这里可以讲华语,而别的国家则没有这方面的优势。(2) 外部环境,新加坡强势的英语环境使家长并不担心孩子的英语教育问题,反而担心华文环境的缺失。如 G1－01、G1－03、G1－06 等均指出新加坡的语言环境决定了孩子早晚都会掌握英文,甚至比家长掌握得更好,因此华语的传承和保持需要家长更多关注。(3) 未来发展,如被访者 G1－18 指出华语在新加坡越来越重要,虽然学习华语不是为了去中国工作,但是未来华语的用处会很多,因此坚持跟孙子讲华语。

其次,双语派的家长认为华语和英语都是抚养孩子的理想语言。从交际需要角度来说,保持华语有助于促进家庭成员之间的内部沟通;掌握英语可以更好地融入新加坡多元种族的主流社会;从身份认同角度来说,学习华语是保持文化的重要工具,是华人血统的重要标志。如 G1－08 表示希望孩子不要忘记他的华人血脉,不能丢弃华语;但他同时也强调生活在新加坡,英语是必须要会的;从升学要求来看,华语学习在小六会考中依然占据重要地位,而英语水平则是学好其他科目的基础。综上,"双语派"家长支持华英双语的语言教养方式。

最后,在第一代华人访谈中,也有比较特殊的个案,我们姑且称其为无意识派。以 G1－04 为例。相关报道显示中新跨国婚姻日益增多，从 1990 年到 2008 年间，由我国海南到新加坡结婚的女性已经将近一万名。① 在我们的被调查者中，G1－04 就是通过跨国婚介移民新加坡的第一代华人。她出生于 1980 年，初中学历，2008 年嫁到新加坡，之前一直以永久居民的身份生活在新加坡，2016 年正式入籍。婚后育有两女，目前女儿在新加坡小学就读。访谈中 G1－04 提道："去学校开家长会老师讲的英文我听不懂；现在开始从事服务行业，遇到国外的顾客讲英语，就没有办法了；去移民局换签证，工作人员都是英语，上来就是 passport number……所以我决定报名学习英语。"由此可见，G1－04 个人英语能力较差，对于孩子的语言选择问题也没有做刻意规划。G1－04 由于自己只能流利使用华语，在家跟孩子沟通也只能使用华语，她的孩子的华语能力比一般的新加坡小孩更好；但由于华文只是单科课程，所以孩子的华语能力也在逐步退化。

总的来说，华语派或者双语派家长具有更明确的家庭语言规划意识，有时候虽然语言能力一般，但是为了让孩子学习某种语言，在家庭生活中会强迫自己也使用这种并不擅长的语言。

---

① 新浪网. 新浪新闻中心（2018）[EB/OL]. http://news.sina.com.cn/c/2008－01－27/161313335030s.shtml(2018－09－12).

第四章
双语并重的第二代

本书界定的新加坡第二代华人主要有以下特点:一是父母是新移民或传统华校生,二是本人在新加坡出生并接受教育。

本次调查共收集到57名第二代华人调查对象资料。其中,男性29名,女性28名;年龄最大为63岁,最小为20岁,平均年龄为31.12岁;26.32%的被调查者教育背景为理工学院,64.91%的教育背景是大学及以上学历,其余为高中及以下学历。

访谈对象共计15名,其中6名被访者父母为新移民,9名被访者父母为传统华校生。

第一节 华英并存的个人语言生态

一、语言偏好与优势语言

关于语言偏好,量化研究显示,在第二代华人中,3.51%的被调查者只说华语;17.54%的被调查者偏好说华语,54.39%的被调查者对于说华语与说英语态度一样,另有24.56%的被调查者偏好说英语。关于优势语言,调查结果显示,14.04%的被调查者认为自己是华语优势,42.11%的被调查者认为自己第一语言为华语,第二语言为英语,42.11%的被调查者认为英语是自己的第一语言,华语是第二语言;另有1.74%的被调查者认为自己具有英语优势。

质性分析显示,所有被访者均认为自己是双语人,只是对华语的偏好程度不一。结合量化结果,本书分出"华语偏好型""英语偏好型"及"华英并重型"三类,并通过对不同偏好类型访谈个案的研究,探讨不同语言偏好类型的成因。具体见表4—1。

表4—1 第二代华人语言偏好与优势质性分析

	一级	二级	三级
语言偏好优势语言	华语偏好 G2—01 G2—02 G2—03 G2—09 G2—10	舒服容易家庭	"听说读写技能均是华语优于英语,虽然很多时候会听英语歌曲、看英语电影。" "我还是偏好说华语。" "我是一个华语强过英语的双语人。" "说华语更舒服。" "学好华语并不是一件非常困难的事情。" "这可能是跟我成长于说华语的家庭有关,所以我从不排斥华语。"
	英语偏好 G2—04 G2—05 G2—06 G2—08 G2—11 G2—12 G2—14	环境需要	"上学后一段时间,最初还是习惯和熟悉的华人同学讲华语……平时社交媒体、校外很多重要的场合的习惯用语都是英语,渐渐地和同学、朋友之间偶尔也会用华语,但更多还是讲英语……小三后,随着华语学习越来越吃力,我更多时候也会选择英语来表达自己,而不用华语。" "从小,在学校,除了华文课,老师授课时全部采用英语……目前,我在新加坡XX大学攻读免疫学博士。虽然我可以用华语和朋友们聊天,但是在讨论科技课题时,我只会用英文,因为这不是休闲活动,而是严肃的学术活动。对于我来说,这时候使用英文会更精确明白,并顺利表达自己的想法。"

续表4-1

	一级	二级	三级
语言偏好 优势语言	华英并重 G2-13 G2-15	各司其职 技能不均	"我与父母的沟通都是用方言和华语……我的来自不同语言背景的同事,为了沟通方便我在会议上会用英文进行沟通,以及做会议记录。" "在语言偏好上,我个人觉得对于我来说英语和华语是一样的。……英语口语不如华语好……在书面语方面,我的华语在阅读和写作方面不是很好,而英语在书面语的阅读和写作方面却是很好的……"

（一）华语偏好型

"华语偏好型"被访者表现为只说华语或有华语优势。形成原因主要有如下几点。（1）教育背景,如被访者中G2-01、G2-02均就读于华校或特选中学,G2-09是南洋理工大学中文系毕业。（2）留学经历,如G2-01的大学教育是在中国台湾完成的,就读食品科系,并成了杰出校友。（3）工作需要,如G2-02毕业后所从事的工作与华语相关,因此其语言偏好是华语。（4）家庭环境,如G2-09父母毕业于早期华校,能掌握和熟练运用的语言是华语华语中的方言。G2-10家庭语言以华语为主导,由此可见家庭对语言偏好及优势语言的重要作用。

（二）英语偏好型

"英语偏好型"被访者表现为只说英语或英语为主,G2-04、G2-05、G2-06、G2-08、G2-11、G2-12以及G2-14都是该类型的典型代表。G2-08由于家庭常用语是华语,因此华文基础较好,考入特选中学的四年中,华语和英语都是他的第一语言,"但是进入poly（作者注：理工学院）以后,所有的科目的又全是英语。"所以,G2-08最终成为以英语为主导语、华语为二语的双语人。同样,很多第二代华人的语言形态都经历了从华语主导向英语主导过渡的过程。G2－04 情况比较特殊。她小时候父母工作很忙，经常被送到爷爷奶奶家里。周围的邻居有马来籍的，也有印度籍的，华人很少。"我更喜欢讲英文，因为我更喜欢和周围的小伙伴玩，不喜欢和爷爷奶奶在家里待着。"这就造成了 G2－04 从小更喜欢讲英文的习惯。但 G2－04 的母亲是土生土长的新加坡华人，母亲对于华语和自己的华裔身份感情很深，所以也特别重视 G2－04 的华语学习，在家里，父亲、母亲虽然会讲英语，但大部分时间还是对 G2－04 讲华语。进入小学之后，G2－04 慢慢开始讨厌学华语。"当然是因为汉字，汉字太复杂了。英文的书写只需要掌握 26 个字母而已，而且只需要沿水平方向从左到右，词与词之间留个空格就可以了。"G2－04 在学校的成绩很好，其他各科都是 A，唯独华语经常不及格，而每次华语考试不及格，妈妈都要用藤条惩罚她。

综上所述，华语继承语者"英语偏好型"的成因有三。(1) 大学教育，如 G2－08 在中学阶段华语很好，特选中学时候华语、英语都是第一语言，但是进入大学之后，学习环境迅速变化，其语言偏好也随之发生改变。(2) 社区环境，G2－04 从小在一个语言大杂烩的环境下长大，周围华人较少，因此 G2－04 养成了讲英文的习惯。(3) 教育方式，如 G2－04 的父母平时非常注重她的华语学习，但是较为严厉的教育方式对其语言偏好造成了一定的负面影响。

（三）华英并重型

"华英并重型"被访者对华语或者英语的态度没有明显差异。在访谈中 G2－15 表示："我之所以可以在跨国公司里担当举足轻重的职务，有赖于我精通双语，无形中对我的适应能力起到了辅助作用。"对于在跨国公司会计部任职,他骄傲地说:"我在生活中用华语,工作上不只用英语,也用华语。"G2—07对华语英语没有明显偏好主要也是因为这两种语言承担了不同的交际职能——华语主要在家使用,而英语主要在工作中使用。对于G2—13来说,自己的华语水平和英语水平没有太大差别,是基于两种语言在不同技能方面的表现。

综上所述,第二代华人均认为自己是华英双语人,只是一部分认为自己的华语优于英语,而另一部分认为自己的英语优于华语。即使受访的第二代华人可以细致区分为移民二代和传统华校生二代,但二者之间的语言偏好并没有明显的差异。总的来说,英语好于华语是新加坡教育政策导致的必然结果;而华语好于英语则更多是家庭小环境强势干预使然。如中国移民的后代G2—01和传统华校生的后代G2—08都同样倾向更多使用华语,他们均认为是环境造就了自己的语言偏好与语言优势。

> G2—01:由于家庭背景及周围朋友的关系,我的语言环境是纯华语或广东话。……即使之后接受的是华英双语教育,也没能把我培养成一名华语和英语水平相等的双语人,华语思维依旧是我的主导思维。
>
> G2—08:我现在是环球影城中一家店铺的经理。每天都要接待来自各国的旅游者,其中中国旅游团的数量是非常可观的。因此与中国顾客的交流,同时也是对华语的一种应用,所以说工作和生活坏境加速了语言变化。

但是不可否认,第二代华人的英语较他们的父辈都取得了长足进步,而华语也都出现了某种程度的退步。

G2—06：经常需要华语、英语混合使用，因为有时候根本不知道相应的华语词汇，只能用"杂菜饭"这样的表达了。

G2—12：我的英语在听说读写方面都是很好的，然而我的华语水平一般。

综上所述，虽然量化研究中有个别被试偏好只说华语，但是在实际生活中，很难做到完全不使用英语，在对自己优势语言的判断方面，五成以上被试还是认为自己有华语优势，另有接近五成的被试是英语优势。从访谈中也可以发现，虽然就个体而言，被访者的双语水平程度不一，但都是同时具有双语能力的。由此可见，第二代华人应该属于 Valdés 定义的"双语人"，而第二代也可以被称为"双语世代"。

二、使用场域

（一）家庭场域

根据本书的调查数据，新加坡第二代华人中有 75.44% 的家庭常用语为华语，有 15.79% 的家庭常用语为英语，另有 8.77% 家庭的常用语言为福建话、潮州话、广东话等华语方言。其中约有 5.26% 的家庭以福建话作为家庭沟通的主要语言，同时有大约 3.51% 的家庭以广东话（包括潮州方言）为主要沟通语言。由于样本数量的限制，我们无法做到完全覆盖新加坡所有华语方言，但也可从中管窥一二。根据新加坡统计局调查，2000 年，45.1% 的华族家庭常用语为华语，30.7% 的华族家庭常用语为华语方言；而到了 2010 年，华语为家庭常用语的比例上升至47.7%,方言的比例下降至19.2%。相对而言,英语作为家庭常用语言的比例由2000年的23.9%上升至2010年的32.6%。①

访谈结果同样支持量化统计。第二代华人的家庭语言使用呈现如下特点。

1. 家庭常用语为华语,兼用方言

移民二代G2-02的家庭就是典型代表:她于1969年8月生于新加坡,她的父亲是20世纪20年代从中国福建安溪移民到新加坡(当时的"星洲")的,当时父亲不会说普通话,只会说福建方言,但是来到新加坡之后,父亲在当地民办的以方言为授课语言的华校接受教育,学习中国的语言和文化,受到了中国伦理道德思想的影响。同时,又由于母亲只会讲方言,所以可以确定G2-02首先学会的是福建方言,因此,G2-02的家庭常用语是方言。1979年,新加坡推行"讲华语运动",倡导"多说华语,少讲方言"。同时,G2-02小学就读于华文学校,中学就读于特选中学,所以她的华语水平也很高。这就导致G2-02在家庭中跟不同的家庭成员交流时,会在方言和华语之间进行切换。

G2-03于1978年出生于新加坡,其父亲十几岁移民到东南亚,母亲则是当地华裔。她的家庭常用语是华语,但是她也提道:"我们家语言环境很复杂,我父母是第一代,现在说的还是福建话,我们交流只能用方言。"

G2-04的家庭常用语也是华语。她的父亲是第一代移民,

---

① 新加坡统计局. 人口普查报告(2010)[EB/OL]. http//www.singstat.gov.sg/docs/default-source/default-document-library/publications/publications_and_papers/cop2010/census_2010_release1/findings.pdf(2018-08-20).

母亲是土生土长的新加坡华人。但因为小时候居住的区域,她的母亲小时候阴差阳错读的是马来文学校。G2-04提道:"我妈妈小时候读的是马来校,但她更喜欢华文。……我妈妈说,马来校大部分同学都是马来人,少数的华人同学很团结,他们之间也更喜欢讲华语。"

2. 对华语抱有很深的情感,期待子女可以掌握华语

G2-04的母亲特别重视她的华语学习,在家里,父亲和母亲虽然会讲英文,但大部分时间还是和她讲华语。G2-15提到虽然父母都是蓝领阶层,但是由于他们都是接受华文教育的,因此非常重视中华文化,对于中华文化的认同更是根深蒂固。他们认为这是与生俱来的历史文化根源。他的父母坚信身为华人,捍卫中华文化是每个华裔子弟的责任,是必然的,绝不能让这种源远流长的文化没落。因此,父母给他请家庭教师辅导他的华文。"要不是当年父母为我安排一位教学生动有趣的华文家教,今天的我可能已变成典型的'香蕉人'了。"同时,G2-15也认为华语更能完整表达一个人的内心情绪与心声。有鉴于此,在家时他都用华语与家庭成员沟通。

3. 家庭常用语言的选择因家庭成员变化而发生变化

访谈对象G2-08的第一任妻子是新加坡人,之前二人经常使用英语沟通;而他的第二任妻子是广东人,由于她的英语不好,所以导致被访者也开始更多地使用华语,家庭常用语也就随之发生了变化。他指出:"特别是我作为整个家庭的中心时,我的用语选择势必要关注枕边人的偏好,特别是妻子不会说英语的时候,我只能退而求其次,选择用华语进行交流。"

另外,G2-10虽然认为自己的家庭常用语为英语,但是通过访谈发现,事实并不是那么简单。

> G2—10：1981年，我出生在新加坡。我的父母都是在华校教育背景下长大的，和他们沟通我都是用华语或广东方言。两个孩子和外公外婆沟通也用华语。在家里我和我先生、孩子沟通就是以英语为主导语，华语次之。在我自己的兄弟姐妹之间，也是华语为主导语，这可能跟我成长于说华语的家庭有关，所以我从不排斥华语。

由此可见，G2—10的家庭常用语为英语，主要是针对自己的核心小家庭而言的，扩大到更广泛的家庭成员，华语和方言使用频率依然比较高。

综上所述，第二代华人方言使用下降趋势较为明显。本书认为可能有两个方面的原因造成了上述结果：一方面是新加坡"讲华语运动"导致方言使用者"脱方入华"，且当年的方言保持者数量因为年龄增大而日益减少；另一方面是中国的推广普通话运动。由于新移民大多讲普通话，导致语言输入国的方言使用者也随之减少。

（二）社会场域

根据访谈发现，第二代华人的语言选择在不同的场域区分更为明显，具体表现为以下几点：在巴刹、小贩中心和中餐馆，优先使用华语进行交际；在超市、商场、邮局等，首选华语，次选英语；在西餐馆、邮局、银行和政府机构，首选英语进行交际。质性分析结果见表4—2。

表 4-2 第二代华人社会域语言使用状况质性分析

一级	二级	三级
社会场域	生活场域	巴刹小贩中心中餐馆	"在巴刹或者小贩中心我也会和那里的人讲华语。因为大家都是华人,讲华语是自然而然的事情。" "中式餐馆大多数是中国人开的,所以用华语进行沟通会比较容易。" "生活中也有一些集中使用华文的场所,比如巴刹、牛车水、小贩中心等,在那里华语的沟通会更加的流畅。" "在熟识的场所,会倾向于优先使用方言或华语。" "如果去巴刹、超市、小贩中心和中式餐馆,我会使用华语,因为那里的老板基本上都是华人,他们都说华语,在那里我可以用华语跟他们轻松交流,也会增加彼此的这种亲切感。"
		超市商场	"在超市、购物商场、邮局等,我会优先使用英语,毕竟不是所有人都会使用华语。当然,如果服务人员用华语和我对话,我也会用华语回应他。" "超市和购物商场中有很多不同种族的人,这时候会使用英语,因为英语是我们的共同语,比较容易进行沟通。" "在不是十分熟识的场所,如超市、购物商场、邮局等,优先使用英语。" "但如果我去的是购物商场、西式餐馆、邮局和政府部门,多数情况下,我会使用英语,因为那里的服务员和工作人员一般都会先主动跟我说英语。"
	正式场域	邮局西餐馆银行政府	"在西式餐馆、邮局、银行、政府部门一般都只用英语沟通。" "不过如果是在银行,政府部门办事情,我只会用英语,不用华语。道理很简单:这些机构的文件都是英文版本的,肯定优先用英文;英语表达会更精准,更高效,如果用华语,难保不会出现理解误差。" "比如在西式餐馆、邮局、政府部门、银行等,都是使用全英文交流。"

吴英成、冯耀华(2017)指出新加坡的英语和华语承担了

不同的功能，二者用于不同场域。本书发现，在社会场域的语言使用除了正式场域和生活场域，似乎还存在一个混用两种语言的场域，其语言虽然也是口头使用，但稍显正式，因此被访者优先选择使用英语，但也会使用华语。此外，据笔者观察，虽然英语被认为是高阶语，但其内部可分为标准英语和新加坡式英语。在生活场域所使用的英语以新加坡式英语居多，而政府机构、教育机构等正式场域所使用的英语以标准英语为多。对于这种情况，本书认为新加坡呈现出典型的"双言"特征（Scotton，1986）。一方面，华、英两种语言拥有不同的功能定位。英语用于正式场合，华语用于非正式场合。另一方面，面对一般的交际对象时人们会使用语言标准体，面对熟悉的交际对象时人们则使用相应的标准语言变体。通过对新加坡华语及英语使用场域的调查发现，英语经常用于政府、银行等比较正式的场所，而华语常被用于小贩中心、食阁等相对非正式的场所。跟好友交往时，有被试表示在即使会说华语的情况下也会使用华语方言变体，因为方言会拉近彼此关系。同样也有被试表示即使同时会说标准英语和新加坡式英语，但是在非正式场合或者与熟人交际时会倾向使用新加坡式英语。由此可见，新加坡已经具备了双语社会的特征。

三、交际对象：华语衰落，内外有别

（一）纵向关系

调查（如图4-1）显示，66.07%的第二代华人跟父母交流时使用华语或者方言。除去无子女的调查对象，只有7.14%的第二代华人跟子女交流也同样使用华语或方言。25.00%的第二代华人以"华语1 英语2"的方式父母进行沟通，与子女沟通时,这一比例为 35.71%。只有 5.36% 的第二代华人采用"英语 1 华语 2"的方式跟父母沟通,但是有高达 42.86% 的被调查者使用该种方式与子女交流。最后,仅有 3.56% 的被调查者使用英语与父母沟通,但是在与子女交流时,这一比例达到 14.29%。

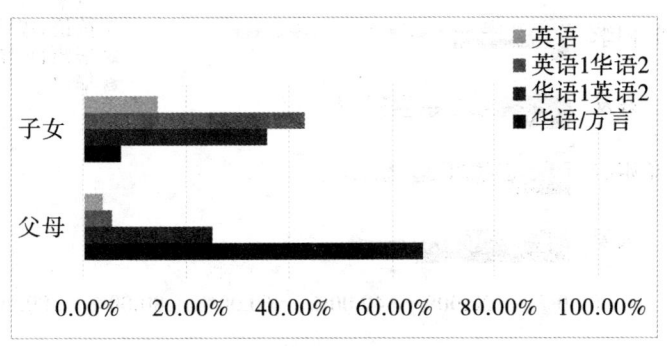

图 4-1　第二代华人纵向关系语言使用

由图 4-1 可见,第二代华人对上一辈和下一代的沟通方式已经发生了很大变化,在纵向关系的语言使用方面呈现两个趋势:一是子女与父母交际从使用华语或方言到使用英语比例呈下降趋势;二是父母与子女交际的英语使用比例呈上升趋势。

访谈发现,有被访者表示并不是他们自己想要跟孩子使用英语,而是孩子自己并不知道用华语如何回答,所以父母才使用英语回应。如 G2-02 表示:"有时候我用华语问他(孩子),但是他不愿意用华语回答,只用英语。他年龄越大,越是更多用英语……小时候也还会说很多华语的。"

因此,很多第二代华人与子女沟通时往往不是自己选择语言,更多可能出于被动,不得不在孩子排斥华语时选择兼用英语的方式与他们沟通。纵向关系语言的变迁与第一代华人调查结果彼此呼应、互相印证。

（二）横向关系

图4-2为第二代华人平辈之间日常交际所选用语言的情况，主要具有三个特征。

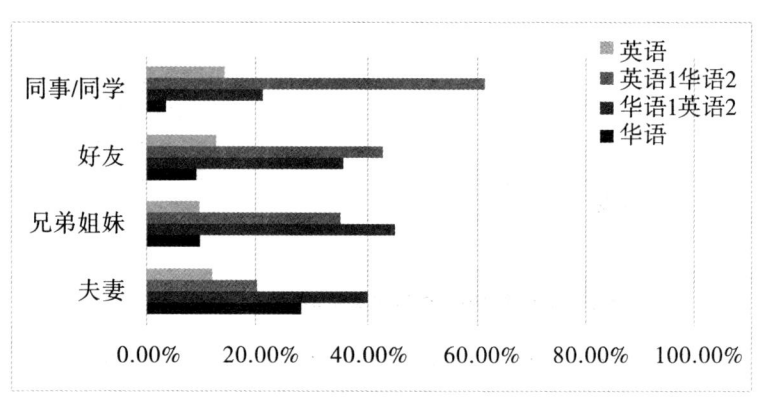

图4-2 第二代华人横向关系语言使用状况

首先，在各个类型的横向关系中，第二代华人的沟通方式均以双语为主。家庭内部更多采用"华语1 英语2"的方式进行沟通；家庭外部则恰好相反，以英语为主，华语为辅的方式进行沟通。

其次，在家庭内部，第二代华人夫妻之间与兄弟姐妹之间的交流依然首选华语。本书认为原因有二：一是第二代的家庭常用语已经开始发生由华语向英语的转变；二是新加坡的语言政策导致兄弟姐妹的教学媒介语具有内部一致性。因此，兄弟姐妹之间使用"英语1 华语2"的比例高于夫妻之间。由于夫妻关系是后天组合，二者的政治身份、家庭背景、教育经历等方面均存在更大的差异，特别是当其中一方为中国移民时，必然会导致家庭语言发生变异。因此，就家庭内部成员而言，夫妻关系较之兄弟姐妹使用华语的比例更高，且有28.00%的夫妻只用华语或者方言进行日常交流。

最后，在家庭外部，英语使用比例显著上升。好友之间使用"英语1　华语2"进行交流的比例为42.86%，而在同事或者同学之间，这一比例高达61.40%。此外，较之关系更为密切的好友，关系略远的同事或同学之间的华语使用比例更低，而使用英语的比例更高。由此可见，对于第二代华人而言，英语作为通用语的社会交际功能越发明显。

综上所述，第二代华人在与不同对象进行交际时，纵向关系中华语使用情况衰落趋势明显；横向关系中双语兼用，内外有别。

第二节　英语水平略强于华语

一、英语读写好于华语

由前文所述，有超过80%的第二代被调查者认为自己是双语人。根据第二代华人对华英双语听、说、读、写技能的自我评价，我们可以发现其只在华语阅读和华文写作方面两个方面存在"完全不会"的情况。据此估计，他们的英语水平略高于华语水平。统计数据见图4—3。

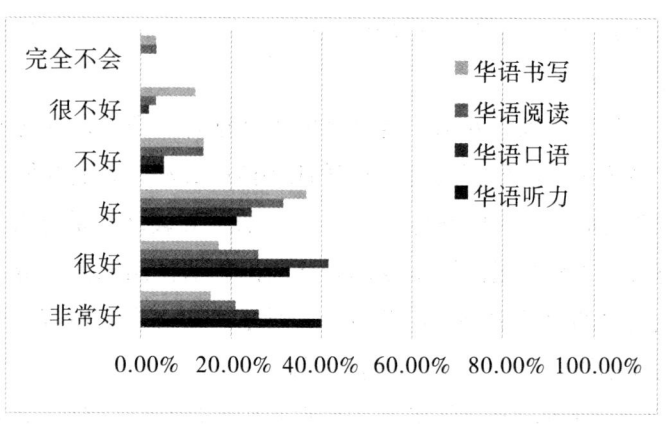

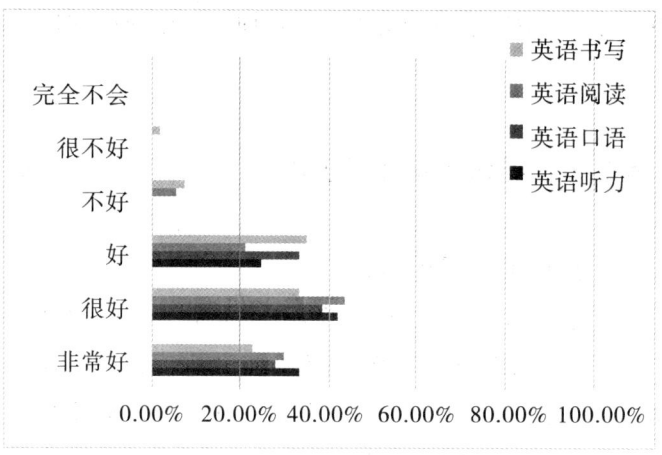

图 4-3 第二代华人语言水平

Wilcoxon 符号秩检验显示,第二代华人在听力、说话和华英互译方面,其华语能力与英语能力没有表现出显著差异($P_{听力}=0.973>0.05$;$P_{说话}=0.689>0.05$;$P_{翻译}=0.616>0.05$);在阅读和书写方面,他们的华语能力和英语能力具有极其显著的差异($Z_{阅读}=-2.814$,$P_{阅读}=0.005<0.05$;$Z_{书写}=-3.085$,$P_{书写}=0.002<0.05$)。具体来说,第二代华人的英

语阅读和书写水平比华语的阅读和书写水平更好。由此可见，第二代华人的华语继承语输入和输出都有待提高；相对听说水平而言，读写水平下滑得更为严重。统计数据见表4－3。

表4－3　第二代华人继承语－英语分项技能比较

		N	秩均值	秩和
英语阅读－汉语阅读	负秩	11ᵃ	14.27	157.00
	正秩	25ᵇ	20.36	509.00
	结	21ᶜ		
	合计	57		
英语书写－汉语书写	负秩	10ᵈ	12.00	120.00
	正秩	24ᵉ	19.79	475.00
	结	23ᶠ		
	合计	57		

a. 英语阅读＜汉语阅读　　d. 英语书写＜汉语书写
b. 英语阅读＞汉语阅读　　e. 英语书写＞汉语书写
c. 英语阅读＝汉语阅读　　f. 英语书写＝汉语书写

二、华语接受性技能好于产出性技能

经过Wilcoxon符号秩检验，我们发现其华语接受性技能与产出性技能存在极其显著的差异（$Z=-3.962, P=0.000<0.01$）。也就是说，第二代华人在继承语听力和阅读技能的表现明显高于其在口语和写作方面的表现。统计数据见表4－4。

表 4-4　第二代华人华语接受性技能-产出性技能分析

		N	秩均值	秩和
华语接受性技能 － 华语产出性技能	负秩	1[a]	10.00	10.00
	正秩	19[b]	10.53	200.00
	结	37[c]		
	总计	57		
a. 华语接受性技能＜华语产出性技能				
b. 华语接受性技能＞华语产出性技能				
c. 华语接受性技能＝华语产出性技能				

三、华语听说水平好于读写水平

经过 Wilcoxon 符号秩检验，第二代华人的华语听说水平与读写水平之间存在极其显著的差异（$Z=-5.131$，$P=0.000<0.01$）。也就是说，第二代华人的华语继承语各个子技能分化明显。

四、英语各项技能发展较为均衡

与华语继承语相比，第二代华人的英语水平发展较平衡，他们的听说和读写之间差异并不明显（$Z=-1.941$，$P=0.052>0.05$）。这说明他们听说和读写表现较为均衡，日常生活中应该会全面涉及英语的听说读写。

此外，经过 Wilcoxon 符号秩检验，第二代华人的英语接受性技能与产出性技能具有极其显著的差异（$P=0.000<0.01$）。也就是说，虽然第二代华人的听说读写能力发展比较平衡，但相对而言，他们的接受性技能和产出性技能依然存在差距。具体表现为他们的听力和阅读好于口语和写作。统计结果详见表 4-5。

表4-5 第二代华人英语接受性技能-产出性技能分析

		N	秩均值	秩和
英语接受性技能 - 英语产出性技能	负秩	0^a	0.00	0.00
	正秩	11^b	6.00	66.00
	结	46^c		
	总计	57		

a. 英语接受性技能＜英语产出性技能
b. 英语接受性技能＞英语产出性技能
c. 英语接受性技能＝英语产出性技能

访谈资料所发现的结果与量化统计具有一致性，具体如下：

(一) 所有被访者均认为自己是"双语人"

有5名被访者认为自己华语水平更高，有8名被访者认为自己英语水平更高，另有3名被访者认为自己可以达到双语完全均衡的水平。

如G2-01的华语水平更高，他认为自己从语言优势方面来讲，英语略低于华语；而G2-06等被访者的英语水平更好。G2-06表示："用英语可以准确快速地表达我在课题上的想法，但如果用华语来表述，别说精准，就连流利表述都很难做到，很多术语根本不知道怎么表达。"G2-12也说："因为汉语使用起来不像英语那样信手拈来，所以在看电视和电影、读报纸和书籍的时候我都会选择英语。"G2-04、G2-13以及G2-15双语能力比较均衡。如在访谈中G2-04表示小时候更喜欢讲英语，喜欢跟小伙伴玩耍，长大后又去英国留学，其英语水平是很高的；但是她也说中学时候就可以读《红楼梦》，和中国来的留学生可以顺畅交流，同时也嫁给了中国男人，说明她的华语水平同样很高。G2-13则直接表示："在语言偏好上，我个人觉得对于我来说英语和华语是一样的。"G2-15也认为由于自己精通双语,因此得到了良好的工作机会。但是也应该注意,能力均衡并不代表使用频率均衡。如G2-04就指出,在工作中还是使用英语较多。

(二)"英语为主,华语为辅"的交际模式基本形成

由于第二代华人的华语听说读写能力不齐整,而相对而言,英语的各项子技能则发展较为均衡,从而导致第二代华人的交际整体呈现"英语为主,华语为辅"模式。G2-04表示,华语和英语各有各的好,英语更具有交际性,平时交流的时候用到的时候更多。

(三)华英双语的语言功能出现分野

相比第一代华人,第二代华人的华英双语功能已经有了比较清晰的分野,生活以华语为主,工作以英语为主。如G2-07在访谈时指出:"在与我的兄弟姐妹交流沟通的时候,我们会选择英语为主导语,有的时候也会用方言福建话来进行沟通。……在工作中我以英文为主。我的同事来自不同语言背景,为了沟通方便,我在会议上用英语进行沟通,作会议记录。"

根据Grosjean(1985)和Cook(1997)的论述,所谓双语者不是两种语言割裂开来使用的人,而是在特定的条件下、由于特定的原因同时习得两种语言。Valdés(2005)认为双语人是将两种语言的隐性知识内化的语言使用者,无论他们是否在幼年或青少年时期同时习得继承语与社会语言,他们都会在日常生活中与两种语言的单语者或双语者使用这两种语言进行交流。前者强调两种语言习得过程中的同步性,后者强调两种语言的使用。尽管理论上存在两种语言均衡发展的双语人,但实际上在不同的交际场景中,个体的两种语言很难达到同样的水

准（Valdés，2005）。双语者没有机会在同样的场景下同时使用两种语言并以相同的语言水平完成相同的交际功能。因此，两种语言不会发展成为具有同等优势的语言，继承语一语者或二语者虽然是双语者，却在两种语言中表现出不同的优势。访谈结果的确揭示了这一论断，大多被访者的某一语言占有优势地位，另一语言处于从属地位，很少有被访者具有均衡的双语能力。

第三节　功利导向的双语选择

调查发现，7.94%的被调查者愿意在抚养孩子时只使用华语，而88.89%的被调查者希望未来可以使用华英双语抚养孩子，另有3.17%表示未来只想用英语抚养子女。可见第二代华人因为自己的双语习得经历及华英双语能力，而对子女的双语教育有所期待。

质性研究显示，被访者基本希望孩子未来可以掌握双语甚至多语言。如G2-04表示以后孩子"和爸爸学中文，和妈妈学英文……家庭语言教育很重要"；G2-03虽然还没有孩子，但是未来希望他/她能上国际学校，做一个多语人。

关于第二代华人双语传承的原因，研究显示主要有方便生活、发展事业和传承文化三点，具体分析见表4-6。

表 4-6 第二代华人语言传承质性分析

	一级	二级	三级
语言传承	双语教养	方便生活	"能在新加坡这个双语社会中来去自如地生活,能够与说英语人士和说华语的人士游刃有余地沟通。"
		发展事业	"毕竟华语是一种增值语。但至于是不是一种中国文化的传承,我考虑得不是很多。" "我觉得多会一种语言,就是多一个机会。"
		传承文化	"华语所代表的不仅仅是一门语言,它更多地是代表一种文化的传承。" "我发现我的孩子几乎不太会说福建话,因为没有环境来给他们练习福建话……我们的方言正在一点点地被普通话取代。"

第一,方便个人生活。如 G2-10 认为从现实的角度来说,如果学会华英双语的话,生活在新加坡将会十分便利。

第二,未来事业发展。很多被访者认为华语与英语的地位是并重的,最主要的原因是随着中国的发展,学好华语必定是"乘搭中国增长快车"的先决条件,是给自身增加发展筹码的方式。

第三,族裔文化传承。被访者不希望孩子对自身的族裔语言及文化毫无认识,他们觉得必须掌握华语才能深一层去了解中华文化的精髓。此外,除了华语,有部分被访者也提出应该保护和传承方言。就目前新加坡教育对英语的重视程度,也有被访者提出了自己的担忧。如 G2-03 指出英语在新加坡十分强势,现在很多小孩虽然模样和中国小孩一样,但实际上只会说英语。G2-07 也表示现在新加坡人的华语水平能力正在下降,所以她担心孩子不会说华语,因为周围的英语语言环境实在是太有优势了。

综上所述，由于被调查者个人具有双语能力，其在抚养子女时会非常明确地了解双语所带来的种种便利，所以期望自己的子女也可以掌握华英双语。

第五章
英语主导的第三代

本次调查共收集第三代华人问卷 89 份,其中男性 41 名,女性 48 名。年龄最大者 49 岁,最小者 19 岁,平均年龄为 25 岁。66.29%的被试具有大学本科以上学历,22.47%的被试具有理工学院学历,余者为初级学院(高中)及以下学历。

本次研究共计访谈 20 位,访谈对象男性 7 人,女性 13 人,平均年龄为 26.7 岁。此外,由于第三代华人中有被访者使用英语进行沟通,因此本次研究就其英文访谈内容提供对应的中文翻译,并经过双语教育专家审查校对。

第一节 英语为主,华语为辅

一、语言偏好与优势语言

关于语言偏好,5.62%的被试偏好说华语;22.47%的被试认为自己对华语和英语的态度没有区别,同样喜欢。66.29%的被试偏好说英语;另有 5.62%的被试表示自己只说英语。可以看出,第三代华人中已经没有被试只说华语,且偏好说华语的人数也在急剧下降;而偏好说英语的占比达到 70%以上(含只说英语的被试)。显而易见,第三代华人的继承语华语已经被社会权势语言即英语所压制。

关于优势语言，第三代华人被试中有1.12%是华语优势，7.87%认为自己是"华语1 英语2"的双语人；58.43%的被试认为自己是"英语1 华语2"的双语人；另有32.58%是认为自己具有英语优势。由此可见，在第三代华人中继承语已经逐步降至辅助语言的位置，而英语的地位不断提高，90%以上的第三代华人以英语作为主要交际语言。

质性访谈显示，大多第三代认为讲华语并不十分重要。如G3－02指出："如今很多新加坡华人的中文都说得不好，所以华人不会说华语其实是很普遍的事。"研究分析原因主要有三：一是缺乏社会华语环境，二是国家政策导向，三是家庭语言输入不足。具体分析见表5－1。

表5－1　第三代华人语言偏好与优势语言质性分析

一级	二级	三级
语言偏好 优势语言	频率低 语言环境	"虽然我承认华语是自己的母语，但是新加坡的华语环境不如中国的汉语环境好。" "在我看来，不会说华语不是个人的错误。因为我们成长在一个英语主导的环境中。不是每个人都对语言有兴趣，没有足够的语言输入不能怪个人。" "同样，我也认为一个人不会说某种语言也是'形势所迫'。如，如果人们被置于一个无须说某种语言的环境，他们就可能会失去说这种语言的能力。在新加坡，人们不需要每天说华语。对本地的新加坡华人来说，不会讲华语不稀奇。如果能讲好华语，是优势，但非必要。"

续表5-1

	一级	二级	三级
		国家政策	"在新加坡，我们更关注英语，英语是我们的共同语。我们居住在不同种族构成的国家，所以我们使用英语交际。" "在新加坡，英语教育是规定，所以不会说华语不会感到尴尬。" "新加坡也是一个英语主导的国家，而且我认为这里的教育环境营造出的是更为重视说正确英语而非说准确华语的能力。"
		家庭输入	"众所周知，新加坡公民的家庭也主要是英语主导的，人口统计也显示情况确实如此。" "'华人不会讲华语'明显我应该说不对，对吧？但是华人不会讲华语是合理的。就像ABC，他们会讲嘛？因为他在那样的环境，因此不说华语，某种意义上说，他没有输入啊。"

（一）缺乏语言环境

新加坡推行双语政策几十年，社会环境已经严重西化，年轻人沟通时首选英语。目前新加坡主流教育体系中政府小学有182所①，但是华文特选中学仅有11所，所占比例非常小，从中可以窥见华语继承语教育的萎缩程度。

（二）国家政策导向

如前所述，新加坡的语言政策是建立在英语基础之上的双语政策。新加坡建国后进行了五次母语教学检讨，其目的是促进各族群母语的保持和学习。但是历次母语检讨报告均率先强调"双语政策是国家教育的基石"。如1993年的《教育法》规定，学

---

① 数据源于新加坡教育部官网小学筛选。此处筛选条件"母语"（MTLs）设置为"Chinese"。https://www.moe.gov.sg/shoolfinder/?journey=Primary%20school&q=*&fq=school_journey_ss%3A22Primary%20school%22&fq=subjects_offered_trimmed_ss%3A(%22Chinese%22)&sort=slug_s%20asc（2022-02-16）.

校教育要"使学生具备能够准确、流利地在听、说、读、写等方面使用英语的能力,同时还要具备依个人能力所能达到某种程度的使用母语的能力"[1]。因此,对于新加坡年轻人来说,说英语是符合国家标准的。被访者也表示在新加坡说英语才是符合标准的。

(三)家庭输入不足

新加坡第三代华人从小生活在说英语的家庭中,学校也是使用英语进行教育,华语学习只做应试使用,在家庭中的使用频率降幅也很明显,所以第三代华人基本演变为"香蕉人",这种"香蕉人"与在欧美等国家的"ABC"还有些不同,本书认为主要表现在以下几个方面:一是尚有文化传承意愿;二是尚存华语使用环境——虽然也愈加萎缩;三是尚具华族认同意识。但是,这里的华族是局限于新加坡国内族群划分标准而言的。

二、使用场域

(一)家庭场域

在第三代华人中,有 83.15% 的被调查者表示家庭常用语为英语,15.73% 的家庭常用语为华语,另有 1.12% 的被试实在难以区分英语和华语更常用哪一种。如 G3-06 表示:"学华语对我来说有点难。我的家庭是说英语的家庭,我需要补习华语才能在华语考试中拿到 A。"G3-04、G3-05 等人也大致如此。G3-01 则表示家人使用英语沟通是因为大家的语言构成不太一致,父亲不但会说英语,还会说客家话以及一些广东话;母亲会说印尼话及一些广东话;姑妈只说华语;姑丈和表姐则说英语更多。

---

[1] 周素勤. 浅析新加坡的华文教育 [J]. 东南亚纵横, 2003 (5): 21.

（二）社会场域

第三代华人的优势语言为英语，因此在社会场域的语言运用也以英语为主。对于他们来说，英语不再具有区分阶层的作用，因为无论是正式场域（如银行、政府部门、购物中心等）还是生活场域（巴刹、食阁、小贩中心等），英语都是首选的沟通工具。当然，如果店主年龄较大，部分第三代华人偶尔会使用一些方言或者掺杂一些华语。具体质性资料见表5-2。

表5-2　第三代华人社会场域语言使用状况质性分析

一级	二级	三级
社会场域	不同语言分野不明显	
	不常用水平低偶尔区分	"无论去什么地方，英语都是第一选择。如果有需要，我也可以说一点广东话。比如，店主是中国人或是上了年纪的人的时候。" "最多我会在去小贩中心和食阁时使用简单的华语。但是更多时候，我使用英语交际。" "我觉得日常生活中没有太多机会使用华语。" "在巴刹和小贩中心，我也更喜欢说英语。店主年龄比较大，有的听不懂英语，但我也听不懂他们。所以我买吃的东西时候，常常买的跟我想买的不太一样。"
	不重要	"现在工作中华语不那么重要。" "我觉得华语不是那么重要，因为无论在学校还是工作单位，我都无需说华语。"
	说华语者场域区分更为明显	"对方不会说英语或者英语说得不好，我会尽量使用华语，掺杂一些英语词汇和对方沟通，比如在小贩中心、巴刹以及中式餐馆。" "在食阁、小贩中心什么的我说华语，也会说英语；但是工作时候、去银行、政府就会说英语。" "平时出门，如果是去政府部门、银行、邮局等办正事的地方，我肯定会说英语，但如果是和亲朋好友逛街、吃饭，我和别人交流时完全可以接受说华语，甚至在巴刹、小贩中心和中式餐馆里，我可以很自信地用华语交流。"

本书经研究发现有如下发现：

首先，生活场域华语使用频率下降。由于大多第三代华人是英语优势者，所以他们倾向于在各个社会场域均说英语；同时受访者表示缺乏使用环境是他们华语使用动力不足的主要原因，教学方法陈旧、华语本身困难也是他们华语学习动力不足的重要因素。

其次，说华语的受访者双语依然具有区分场域的作用。对于会说华语的受访者来说，华语和英语在不同社会场域的应用依然有区别，其表现与第二代华人相同，即在生活场域使用华语，在正式场域使用英语。

综上所述，第三代华人受访者无论在家庭域还是社会域，均以英语为主；部分华语水平尚可的第三代华人有明显的语言转用趋势，其家庭域的语言实践已经开始由华语为主向英语为主过渡。

三、交际对象

（一）纵向关系

在第三代华人中，8.99％跟父母交流使用华语或者方言；同样比例的被调查者使用"华语1 英语2"的方式与其父母进行交际；超过一半的被调查者以英语为主要、辅以华语的方式与父辈沟通；另有31.46％的被调查者只使用英语与其父母沟通。在我们调查的有子女的第三代华人被调查者中，大多数首选英语跟孩子交流，没有被调查者表示与其子女只使用华语或方言交流。由于绝大多数调查对象年龄较小（平均年龄为25岁），尚未婚育，因此关于被调查者与其子女的调查结果只能作为参考。统计结果详见图5—1。

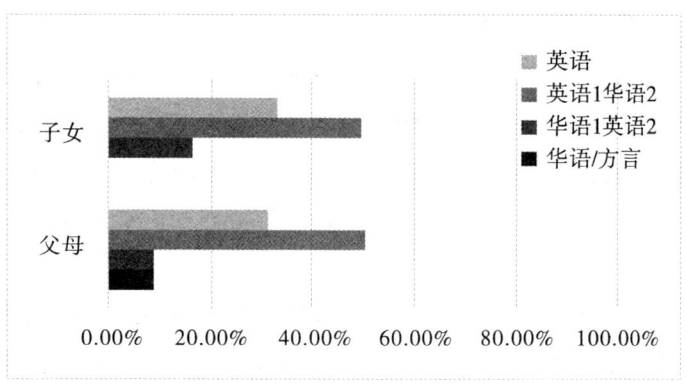

图 5-1　第三代华人纵向关系语言使用

由此可见,一方面,由于被调查者跟父母交流时优先使用英语的人加起来比例总计已经超过 80%,因此可以推测在第三代华人中间,英语已经成为他们使用更为纯熟的语言;另一方面,家庭中华语使用频率的降低将会导致其子女华语能力退化更为严重。

(二) 横向关系

在横向关系语言使用调查中,整体来看英语已经全面超越华语,成为平辈之间优先及常用的语言。统计结果见图 5-2。

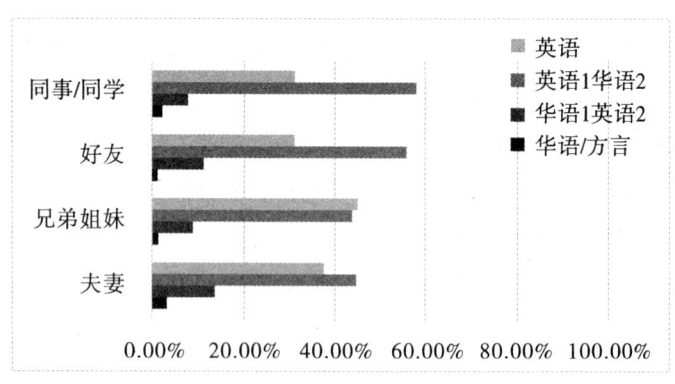

图 5-2　第三代华人横向关系语言使用

首先，夫妻之间。除去未婚者，第三代已婚华人中有 3.45% 的被试表示夫妻之间使用华语/方言进行沟通；首选华语，辅以英语（华语1　英语2）进行沟通的夫妻占比 13.79%，而首选英语，辅以华语（英语1　华语2）的占比 44.83%；另有 37.93% 被调查者表示夫妻之间只用英语进行沟通。可以看出，第三代华人夫妻之间的沟通方式逐渐以英语为主。

其次，兄弟姐妹之间。调查显示兄弟姐妹之间使用华语的比例比夫妻之间更低一些，仅有 1.27%；其"华语1　英语2"交流模式的比例也同样低于夫妻之间，二者"英语1　华语2"的沟通模式比例基本一致；而兄弟姐妹之间单纯使用英语进行交际的占比达 45.57%，可见较之更为核心的夫妻关系，兄弟姐妹之间的华语使用比例较低。

最后，同事与同学之间。在使用华语方面，同事与同学之间更偏重以"英语1　华语2"的方式进行交流。由此可见，在非正式的社交关系中，语码混合使用是易于接受的；而在相对正式的同学或者同事关系方面，单纯使用华语的比例反而更高，这一比例达到 2.25%，虽然在同事或同学关系内部较之其他沟通模式比例不高，但是横向比较其他关系发现，其华语使用比例仅次于夫妻关系。据此我们猜测是某些被调查者所处的工作环境及同事构成所导致的。此外，好友之间与同事/同学之间在英语使用方面差距并不明显，二者首选英语（包括只用英语）进行交际的比例都很高。

综上所述，无论是在第三代华人的家庭内部还是家庭外部，英语已经基本取代华语，成为被调查者的主导语言；在社会交往中，由于工作场所中有中国同事、第一代华人或第二代华人，第三代华人依然有使用华语的必要，但是这一比例较低。

第二节 华语水平下滑明显

一、华语水平低于英语水平

量化研究结果显示,第三代华人的华语水平已经远远低于其英语水平。从图5-3可以看出,第三代华人在听说读写各个方面表现均不及英语,甚至有相当一部分的被调查者表示完全不懂华语。

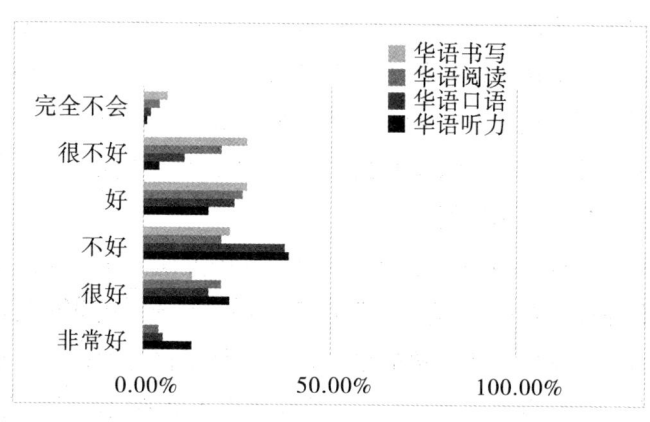

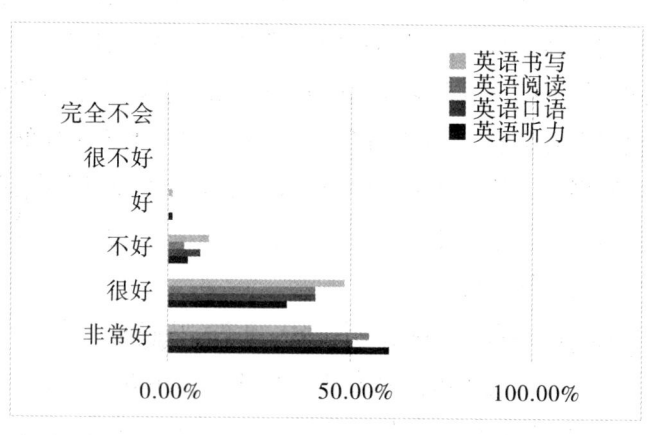

图5-3 第三代华人继承语—英语自我评价

此外，Wilcoxon 符号秩检验，第三代华人的华语水平和英语水平整体具有极其显著的差异。具体来说，其华语水平明显低于英语水平（$Z=-7.426$，$P=0.000<0.05$）。统计数据见表 5-3。

表 5-3　第三代华人继承语-英语水平比较

		N	秩均值	秩和
英语水平-华语水平	负秩	2[a]	13.00	26.00
	正秩	72[b]	38.18	2749.00
	结	15[c]		
	总计	89		
a. 英语水平＜华语水平				
b. 英语水平＞华语水平				
c. 英语水平＝华语水平				

通过对比分析第三代华人的继承语和英语的各个分项技能，本书研究发现被调查者的华语听说水平低于其英语听说水平（$Z=-7.806$，$P=0.000<0.05$）；华语读写能力与其英语读写能力也存在极其显著的差异（$Z=-7.811$，$P=0.000<0.05$）；此外，他们在语码转换方面表现为华译英的能力好于英译华的能力（$Z=-3.908$，$P=0.000<0.05$）。由此可见，第三代华人的华语能力已经完败于英语能力，其语言优势已经由华语转移为英语，继承语水平下滑趋势明显。统计结果详见表 5-4。

表 5-4 第三代华人继承语－英语分项技能比较

		N	秩均值	秩和
英语听说－华语听说	负秩	3[a]	13.50	40.50
	正秩	66[b]	35.98	2374.50
	结	20[c]		
	总计	89		
英语读写－华语读写	负秩	2[d]	13.00	26.00
	正秩	80[e]	42.21	3377.00
	结	7[f]		
	总计	89		
华译英－英译华	负秩	32[g]	21.53	689.00
	正秩	8[h]	16.38	131.00
	结	49[i]		
	总计	89		
a. 英语听说＜华语听说	d. 英语读写＜华语读写		g. 华译英＜英译华	
b. 英语听说＞华语听说	e. 英语读写＞华语读写		h. 华译英＞英译华	
c. 英语听说＝华语听说	f. 英语读写＝华语读写		i. 华译英＝英译华	

二、华语内部子技能表现不均衡

就第三代华人继承语内部表现来说，本书研究发现其华语接受性技能水平与输出水平具有极其显著的差异（$Z=-5.771$，$P=0.000<0.01$）；同样，其华语听说能力和读写能力也具有极其显著的差异（$Z=-6.132$，$P=0.000<0.01$）。也就是说，第三代华人的继承语内部水平是不平衡的，具体表现为华语接受性技能水平远远高于其华语产出性技能水平，而他们的华语听说能力也远高于其读写能力。统计结果详见表 5-5。

表5-5 第三代华人继承语内部分析

		N	秩均值	秩和
华语产出性技能 — 华语接受性技能	负秩	35[a]	18.00	630.00
	正秩	0[b]	0.00	0.00
	结	54[c]		
	总计	89		
华语读写—华语听说	负秩	51[d]	26.16	1334.00
	正秩	1[e]	44.00	44.00
	结	37[f]		
	总计	89		

a. 华语产出性技能＜华语接受性技能
b. 华语产出性技能＞华语接受性技能
c. 华语产出性技能＝华语接受性技能
d. 华语读写＜华语听说
e. 华语读写＞华语听说
f. 华语读写＝华语听说

综上所述，第三代华人的华语和英语已经呈现明显的两极分化趋势，华语水平下降趋势明显，而英语水平则呈不断上升趋势。

第三节 难以实现的双语传承

量化统计结果显示，94.38%的第三代华人认为应该采用华英双语的模式抚养子女；而5.62%的则认为抚养孩子的理想语言只要有英语就足够了。

质性资料显示20名被访者中有13名认为学习华语很重要。

根据访谈资料质性分析我们可以发现，影响第三代华人继承语学习和保持的因素主要有以下三个：一是职业发展需要，二是文化传承需要，三是融洽关系需要。具体质性分析见表5—6。

表5—6　第三代华人语言传承质性分析

一级	二级	三级
语言传承	经济价值高于文化价值	
	职业需要市场预期	"当我带领学生去中国台湾旅行时候，发现华语还挺有用。因为我不时需要有基本的华语理解能力和交流能力。" "但我相信汉语有助于我在未来职场上，更好地与他人沟通，如同事、家长等。" "我觉得华语好，很重要。……中国市场增长很快，因此在中国开展商业活动将是个不错的选择。……有了汉语读写技能将会极大提高个人进入其他不同市场的潜力。"
	文化传承	"不能和同根同种的人交流会令我感到尴尬，因为这令我看起来忘本了，而在中国文化中，记住自己的根是很重要的观念。" "这会让人觉得我是没有根的人，对自己的文化不够尊重。"
	融洽关系	"有很多人的华语水平较之英语高很多，这就能很好地与汉语好的人建立联系。"

第一，职业发展需要。随着中国经济的发展和海外投资的增加，很多第三代华人意识到学习华语可以有更多工作机会，获得更多的经济利益和更好的个人发展。这种职业发展需要一方面来自现实的工作体验；另一方面来自目前中国经济快速发展的预期，因此他们认为华语很重要。

第二，文化传承需要。这一诉求与新加坡语言政策的推广趋于一致，黄庆新报告书（1992）年就曾经指出，希望激起全体华裔新加坡人学习华文的兴趣，帮助他们了解、珍惜和保存那些已有数千年历史的传统价值和文化资产。

第三，融洽关系需要。部分第三代华人认为学好华语可以跟说华语的中国人建立关系，方便交际。

综上所述，第三代华人已经普遍接受新加坡的双语政策，认识到双语政策是新加坡的优势之一，并愿意在自己的子女教育上继续保持双语政策的延续性。但是本书研究也已经表明新加坡第三代华人的继承语水平堪忧，由此也引发了一个重要的问题：新加坡年轻一代华人的双语能力与该国政策倡导的双语教育已经产生分化，那么新加坡华人社会追求的华英双语能力又靠什么实现呢？

第六章
华人继承语代际使用状况比较

第一节　语言使用代际差异明显

一、语言偏好与优势语言

经过 Jonckheere－Terpstra（简称 J－T）检验，我们发现新加坡不同世代的华人语言偏好存在显著差异（$P=0.000<0.01$）。统计结果详见表 6－1。

表 6－1　新加坡华人语言偏好分布（$n=189$）

Jonckheere－Terpstra 检验[a]	语言偏好
J－T 观测值	9669.000
J－T 统计均值	5675.500
J－T 统计标准差	383.015
标准 J－T 统计值	10.426
sig 值（two－tails）	0.000

a. 分组变量：世代

通过事后两两比较，本书发现第一代华人与第二代华人之间存在极其明显的差异（$P=0.000<0.01$）；第一代华人和第三代华人之间也存在极其明显的差异（$P=0.000<0.01$）；同样，

第二代华人和第三代华人之间差异也非常显著（$P=0.000<0.01$）。也就是说，第一代华人的语言偏好是华语，第二代华人的语言偏好是华英双语，第三代华人偏好说英语。统计结果见表6-2。

表6-2 语言偏好世代成对比较

样本1-样本2	统计值	标准误	标准统计值	Sig. 值	调整Sig. 值
第一代-第二代	2149.500	137.317	6.729	0.000	0.000
第一代-第三代	3699.500	194.744	9.171	0.000	0.000
第二代-第三代	3820.000	227.288	5.647	0.000	0.000

由表6-3看出，通过检验新加坡华人语言优势分布，不同世代华人的语言优势存在非常显著的差异（$P=0.000<0.01$）。

表6-3 新加坡华人语言优势分布（$n=189$）

Jonckheere-Terpstra 检验[a]	语言优势
J-T 观测值	9781.500
J-T 统计均值	5675.500
J-T 统计标准差	382.726
标准 J-T 统计值	10.728
sig 值（two-tails）	0.000

a. 分组变量：世代

此外，经事后两两比较，我们发现第一代华人和第二代华人之间差异极其明显（$P=0.000<0.01$）；第一代华人与第三代华人之间也存在极其明显的差异（$P=0.000<0.01$）；第二代华人和第三代华人之间同样具有非常明显的差异（$P=0.000<0.01$）。由此可见，第一代华人的语言优势依然是华语，第二代华人的继承语即华语水平开始下降，英语水平提升，其语言优

势既包括华语又包括英语;第三代华人的优势语言已经转变为英语。统计结果如表6-4。

表6-4 语言优势成对比较

样本1-样本2	统计值	标准误	标准统计值	Sig. 值	调整 Sig. 值
第一代-第二代	-46.472	10.524	-4.416	0.000	0.000
第一代-第三代	-97.258	9.676	-10.051	0.000	0.000
第二代-第三代	-50.786	8.839	-5.746	0.000	0.000

综上所述,新加坡华人的语言形态随着世代变迁已经发生了明显变化,其语言演化趋势与 Valdés(2001)总结的语言世代变迁基本一致。同时,语言优势也是相对的。对于第二代华人来说,虽然其语言优势是华英双语,但其语言水平却是二者皆不精通:论华语,比不上第一代华人;论英语,比不上第三代华人。完全精通双语的人不多见。Valdés 认为尽管理论存在可能性,但在现实生活中不可能出现同样精通 A 语言和 B 语言的"神话般双语人"(mythical bilingual)。第二代华人大多处于双语连续体的中间位置。同时,部分第一代华人和第三代华人其实也具有某种程度的双语能力,只是与其优势语言差距较大。

二、使用场域:家庭用语发生逆转

根据表6-5量化统计(Jonckheere-Terpstra 检验)结果,可以看出,不同世代华人的家庭常用语具有非常明显的差异($P=0.000<0.01$)。

表6—5 新加坡华人家庭常用语分布（$n=189$）

Jonckheere—Terpstra 检验[a]	家庭常用语
J—T 观测值	2001.500
J—T 统计均值	5675.500
J—T 统计标准差	359.390
标准 J—T 统计值	−10.223
sig 值（two—tails）	0.000

a. 分组变量：世代

经事后两两比较，我们发现第一代华人和第三代华人的家庭常用语具有极其显著的差异（$P=0.000<0.01$）；同时，第二代华人和第三代华人的家庭常用语也有非常显著的差异（$P=0.000<0.01$）；但是，第一代华人和第二代华人的家庭常用语没有被发现有显著差异（$P=0.178>0.05$）。也就是说，第一代华人和第二代华人的家庭常用语均以华语继承语为主；而到了第三代华人，其家庭常用语则以英语为主。统计结果详见表6—6。

表6—6 家庭常用语成对比较

样本1—样本2	统计值	标准误	标准统计值	Sig. 值	调整 Sig. 值
第三代—第二代	64.342	8.300	7.752	0.000	0.000
第三代—第一代	82.967	9.087	9.131	0.000	0.000
第二代—第一代	18.625	9.883	1.885	0.059	0.178

此外，家庭内部成员沟通的语言使用情况也存在显著差异，具体情况如下。

第一，在跟父母沟通时，新加坡华人使用的语言因代际变迁而具有极其显著的差异（$P=0.000<0.01$）。

第二，在跟兄弟姐妹进行沟通时，新加坡不同代际华人使用的语言同样存在非常明显的差异（$P=0.000<0.01$）。

统计数据见表6—7。

表6—7 新加坡新华人家庭内部成员沟通语言分布（$n=189$）

Jonckheere—Terpstra 检验[a]	语言选择—父母	语言选择—兄弟姐妹
J—T 观测值	9725.500	9158.000
J—T 统计均值	5675.500	5675.500
J—T 统计标准差	377.032	392.158
标准 J—T 统计值	10.742	8.880
sig 值（two—tails）	0.000	0.000

a. 分组变量：世代

在与父母交际时，第一代华人和第二代华人所使用的语言具有极其明显的差异（$P=0.001<0.01$）；第一代华人和第三代华人同样存在极其显著的差异（$P=0.000<0.01$）；此外，第二代华人和第三代华人之间也具有非常显著的差异（$P=0.000<0.01$）。具体表现为：第一代华人与父母之间主要使用华语或方言沟通；而第二代华人和父母之间采用"华语为主，英语为辅"的方式进行沟通，第三代华人和父母之间主要使用英语进行交流。

在与兄弟姐妹交际时，第一代华人与第二代华人之间具有非常明显的差异（$P=0.000<0.01$）；第一代华人与第三代华人之间差异同样非常明显（$P=0.000<0.01$）；第二代华人与第三代华人之间也存在非常显著的差异（$P=0.000<0.01$）。同时，参考被调查者使用不同沟通模式的百分比，可以得出如下结论：第一代华人兄弟姐妹之间以使用华语沟通为主；第二代华人兄弟姐妹之间以华英双语为主且两种语言难分伯仲；第三代华人兄弟组妹之间主要使用英语进行交流沟通。统计数据见表6—8。

表6-8 家庭内部成员沟通语言成对比较

样本1—样本2	统计值		标准误		标准统计值		Sig. 值		调整 Sig. 值	
	父母	兄弟姐妹	父母	兄弟姐妹	父母	兄弟姐妹	父母	兄弟姐妹	父母	兄弟姐妹
第一代—第二代	1587.000	2087.500	101.926	138.001	3.547	6.246	0.000	0.000	0.001	0.000
第一代—第三代	3647.000	3407.500	194.972	199.946	8.891	7.472	0.000	0.000	0.000	0.000
第二代—第三代	4491.500	3663.000	239.514	239.108	8.162	4.711	0.000	0.000	0.000	0.000

此外，由于不同世代拥有伴侣及子女数量悬殊，为避免统计结果有偏差，本书对上述两类家庭内部关系未做推断统计。但是，通过前文所涉及的描述统计结果亦可窥见一二。即随着世代推移，被调查者与伴侣及子女之间的语言同样存在由华语向英语过渡的趋势。

三、交际对象

经过 Jonckheere－Terpstra 检验，本书发现不同世代的新加坡华人在与好友及同学、同事等家庭外部关系成员进行交往时，所使用的语言均因代际区别而具有极其显著的差异（$P=0.000<0.01$）。统计数据见表 6－9。

表 6－9　新加坡华人家庭外部成员沟通语言分布（$n=189$）

Jonckheere－Terpstra 检验[a]	语言选择－好友	语言选择－同事/同学
J－T 观测值	9205.500	8491.500
J－T 统计均值	5675.500	5675.500
J－T 统计标准差	383.044	372.100
标准 J－T 统计值	9.216	7.568
sig 值（two－tails）	0.000	0.000

a. 分组变量：世代

事后两两比较，我们进一步发现如下结果。

在与好友进行交际时，第一代华人和第二代华人所使用的语言具有极其显著的差异（$P=0.000<0.01$）；第一代华人和第三代华人同样使用不同沟通模式交际（$P=0.000<0.01$）；第二代华人和第三代华人与好友沟通交流时也具有非常明显的不同（$P=0.000<0.01$）。也就是说，第一代华人跟好友倾向于使用

华语或方言；而第二代华人在语言选择方面倾向于使用双语，且以英语为主；第三代华人则以英语为主。

在与同事或者同学进行交际时，第一代华人和第二代华人使用语言的情况具有极其明显的差异（$P=0.000<0.01$）；第一代华人和第三代华人同样使用不同沟通模式进行交际（$P=0.000<0.01$）；第二代华人和第三代华人与好友沟通交流时也具有非常明显的不同（$P=0.004<0.01$）。也就是说，第一代华人跟同事、同学倾向于使用华语或方言；而第二代华人在语言选择方面倾向于使用双语，且以英语为主；第三代华人则以英语为主。统计数据见表6-10。

表6-10 家庭外部成员沟通语言成对比较

样本1—样本2	统计值		标准误		标准统计值		Sig. 值		调整 Sig. 值	
	好友	同事同学	好友	同事同学	好友	同事同学	好友	同事同学	好友	同事同学
第一代—第二代	2022.000	1958.000	137.086	135.471	5.810	5.407	0.000	0.000	0.000	0.000
第一代—第三代	3622.000	3327.500	196.595	193.442	8.690	7.310	0.000	0.000	0.000	0.000
第二代—第三代	3561.500	3206.000	229.468	219.945	4.467	3.044	0.000	0.001	0.000	0.004

通过比较不同社会关系交际对象之间使用的语言，我们可以发现语言世代的流动转变。新加坡华人的华语继承语使用存在"内外有别，纵向弱化"的特征。如图6－1所示，华语使用比例逐步降低；同心圆不同圈层表示其成员在语言使用方面具有显著差异；而同一圈层的成员之间在语言使用倾向方面具有共性。具体如下。

第一代华人家庭内部成员及好友之间均倾向使用华语沟通，而同事/同学之间则倾向使用英语沟通。这说明即使对于第一代华人来说，两种语言承担不同的社会功能也已经是共识。

第二代华人家庭内部语言使用出现分化。核心成员依然以华语作为主要沟通语言；而兄弟姐妹、好友较为亲密的关系和同事/同学较为松散的关系在语言倾向方面趋于一致，主要使用英语进行沟通。

第三代华人基本实现语言转用，继承语的使用比例很小，家庭内外已无太大分别，均倾向以英语进行沟通。

综上所述，三个代际华人的继承语变化形态呈两头尖、中间粗的"纺锤形"结构。具体来说，第一代华人主导语言多为华语或方言；第二代华人多为水平较为均衡的华英双语人；第三代华人的主导语言多为英语。随着传统华校生人数日益减少，未来第一代华人将以新移民为主，而第二代、第三代语言形态将逐渐趋同。倘若新加坡语言政策保持不变的话，那么日后新加坡华人的语言形态也许将演变为"金字塔型"。也就是说，来自其他国家和地区的新移民操着不同的语言，而其后代则逐渐转用英语，失却母语。

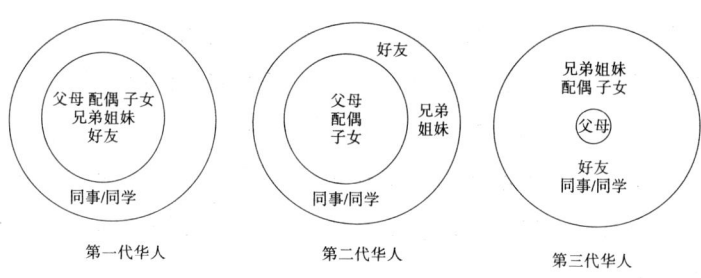

图 6-1 交际对象的代际语言变迁

Fishman（1991）提出了"代际传承等级量表"（Graded Intergenerational Disruption Scale，简称 GIDS），他认为语言代际传承是衡量语言是否濒危的重要标志；家庭语言使用既是语言保存的最后堡垒，也是语言能否存活的重要指标。[①] Lewis（2009）综合考虑 GIDS、UNESCO 语言活力和民族语言活力量表的优缺点，提出了"扩展代际传承等级量表"[②]（Expanded Graded Intergenerational Disruption Scale，以下简称 EGIDS），该量表分别表述了语言从国际通用、国内通用、区域通用到用于商贸、教育乃至仅用于书面直至趋于消亡及废止的 10 个等级。以 EGIDS 评估本书所获得的调查结果，可以发现新加坡华语具有一些特殊性。

华语在公立教育系统中是被强制教授的——所有华族学生必须学习华语，华语作为单科进行教授。因而据此量表则可认为新加坡华语是处于 Level4 的"安全"等级；但是，调查结果显示新加坡第三代华人的继承语使用以口头交际为主，代际传承

[①] 参见 Fishman, J. A. Reversing Language Shift: Theoretical and Empirical Foundations of Assistance to Threatened Languages. Multilingual Matters[Z].1991.

[②] Lewis, M. P., Simons, G. F. Assessing endangerment: Expanding Fishman's GIDS[J]. Revue Roumaine De Linguistique, 2010, 55(2), 103—120.

仅有部分家庭或可实现。如此看来，华语水平已经处于 level 6b 的"薄弱"阶段。而 Lewis（2005：26）认为，共时语言描写某种语言在不在核心语域（家庭、朋友、邻里）使用则表示其濒危的说法是有问题的。事实是不同的语言具有不同的功能，这不能说明某种语言已经处于濒危境地。

本书研究发现，新加坡第三代华人的华语在核心语域不再是主要沟通语言；在社会场域使用范围也有萎缩。第三代华人在传统华语强势存在的场域，如食阁、小贩中心也倾向使用英语点餐已经说明了新加坡华语的濒危处境。虽然高阶语和低阶语除了使用场合不一致，也有其他差异。如高阶语更具威望和权势，所以常被用于文学作品或宗教；翻译所使用的语言也多为高阶语；低阶语的文学作品很少且大多可以由熟练的高阶语者译为高阶语版（Wardhaugh，2010）。对于华语来说，虽然存在大量的文学作品和宗教读物，但是新加坡华人的读写能力急剧下降，从而导致华文读物无法发挥其应有的作用。

总而言之，本书认为新加坡华语存在既"安全"又"薄弱"的悖论。"安全"表现在具有来自国家语言政策方面的保障（自上而下），如政府一直强调要保护母语，发挥华语的文化传承功能；"薄弱"体现在继承语使用场域个体选择方面（自下而上），华人在实践过程中自觉调整选择最具价值的语言。

第二节　华语水平持续下降

通过比较新加坡三代华人的整体华语水平，我们发现其华语水平在代际之间存在显著差异［$F(2, 186)=29.54$, $P=0.000<0.01$］。事后两两比较我们发现第一代华人和第二代华人

之间存在极其显著的差异（$P=0.000<0.01$）；第二代和第三代华人之间也存在极其显著的差异（$P=0.000<0.01$）；第一代华人和第三代华人之间同样存在非常显著的差异（$P=0.000<0.01$）。总的来说，第三代华人水平逐步下降，降幅明显（见图6-2）。

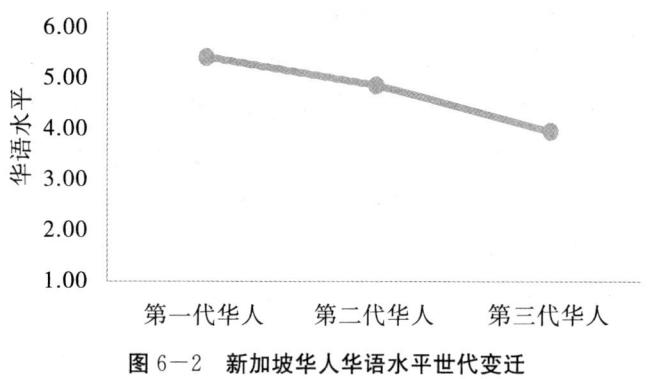

图6-2 新加坡华人华语水平世代变迁

一、华语听说水平有所下降

纵向比较三代华人的华语听说水平，经单因素ANOVA统计检验发现，新加坡华人的听说水平存在极其显著的差异 $[F(2,186)=30.92,P=0.000<0.01]$；经Post Hoc（LSD法）两两比较，发现第一代华人和第二代华人之间听说能力没有显著的差异（$P=0.76>0.05$）；第二代华人和第三代华人的听说水平存在极其显著差异（$P=0.000<0.01$）；第一代华人和第三代华人之间的听说水平也具有非常显著的差异（$P=0.000<0.01$）。详见表6-11。

表 6-11　华语听说能力世代比较（$n=189$）

分组	第一代 ($n=43$)		第二代 ($n=57$)		第三代 ($n=89$)		F (2, 186)
	M	SD	M	SD	M	SD	
华语听说	5.49	0.91	5.12	0.91	4.15	1.12	30.92**

* $P<0.05$　** $P<0.01$

另外，通过比较三代华人看电视和电影所选用的语言，我们可以侧面了解其华语/英语的听说水平及语言选择偏好。Kruskal Wallis 检验研究发现，三代华人之间看电视或电影所使用的语言具有显著的差异（$Chi-Square=41.772$，$df=2$，$P=0.000<0.01$）。两两比较结果显示，第一代华人和第二代华人之间具有极其显著的差异（$P=0.000<0.01$）；第一代华人和第三代之间也具有极其显著的差异（$P=0.000<0.01$）；但是第二代和第三代之间没有明显差异（$P=0.502<0.01$）。也就是说，第二代华人和第三代华人在电视和电影时所选择使用的语言基本一致，即二者更倾向使用英语；而第一代华人则更倾向使用华语。统计结果见表 6-12。

表 6-12　不同世代观看电视和电影的语言选择（$n=189$）

分组	第一代 ($n=43$)		第二代 ($n=57$)		第三代 ($n=89$)		两两比较
	M	SD	M	SD	M	SD	
观看电视和电影	1.58	0.50	2.05	0.48	2.17	0.40	第三代＞第一代 第二代＞第一代
Kruskal Wallis（H）Test：$Chi-Square=41.772$　$df=2$　$P=0.000$							

二、华语读写水平降幅明显

如表 6-13 所示，通过单因素 ANOVA 检验三代华人的华语读写水平,我们发现其读写水平具有极其显著的差异[$F(2, 186)=29.87, P=0.000<0.01$]。事后两两比较,发现第一代、第二代和第三代华人的读写水平两两之间均存在非常明显的不同。具体来说,其华语读写能力随着世代变迁具有逐步下降的趋势。

表6-13 华语读写能力世代比较($n=189$)

分组	第一代($n=43$)		第二代($n=57$)		第三代($n=89$)		$F(2, 186)$
	M	SD	M	SD	M	SD	
华语读写	5.12	1.26	4.35	1.22	3.42	1.21	29.87**

* $P<0.05$ ** $P<0.01$

此外,通过比较不同世代阅读报纸/书籍所应用的语言,我们可以从侧面验证被试对其读写能力的评估。如表6-14所示,不同世代华人阅读报刊书籍所使用的语言具有极其显著的差异($Chi-Square=86.637, df=2, P=0.000<0.01$)。事后比较发现,第一代华人、第二代华人、第三代华人两两之间均具有显著的差异。也就是说,在阅读报刊书籍时,第一代华人倾向使用华语,而第三代华人则倾向使用英语。随着代际的迁移,华语使用比例呈下降趋势,而英语使用比例则呈逐步上升的趋势。

表6-14 不同世代阅读报纸/书籍的语言选择($n=189$)

分组	第一代($n=43$)		第二代($n=57$)		第三代($n=89$)		两两比较
	M	SD	M	SD	M	SD	
阅读报纸/书籍	1.33	0.47	2.25	0.64	2.65	0.50	第三代>第二代>第一代
Kruskal Wallis (H) Test:$Chi-Square=86.637$ $df=2$ $P=0.000$							

三、华译英的能力整体高于英译华的能力

Wilcoxon 符号秩检验可知:就所有被试而言,其华英互译水平具有显著差异($Z=-2.379$,$P=0.017<0.05$),其华译英水平高于英译华的水平。由于语言输出能力代表着更高的语言处理水平,因此就新加坡华人整体而言,我们可以由此推测其英语水平要高于华语水平。统计结果详见表6—15。

表6—15 所有被试华英互译能力比较($n=189$)

		N	秩均值	秩和
华译英－英译华	负秩	30[a]	33.37	1001.00
	正秩	45[b]	41.09	1849.00
	结	114[c]		
	总计	189		

a. 华译英＜英译华
b. 华译英＞英译华
c. 华译英＝英译华

(一)三个代际华人的华译英水平逐渐上升

Kruskal Wallis 检验结果显示,第一代华人和第二代华人的华译英水平存在极其显著的差异($P=0.000<0.01$);第一代华人和第三代华人之间也同样存在极其显著的差异($P=0.004<0.01$);但是第二代和第三代的华译英水平没有显著差异($P=0.290>0.05$)。这从侧面说明,从第一代到第三代英语水平逐步上升,华语水平逐步下降;而第二代华人和第三代华人的英语水平差异不大,从而导致二者之间华译英的水平没有显著差异。具体见表6—16。

表 6-16　不同世代华译英水平比较（$n=189$）

分组	第一代（$n=43$）		第二代（$n=57$）		第三代（$n=89$）		两两比较
	M	SD	M	SD	M	SD	
华译英	3.05	1.53	4.28	1.03	3.94	1.06	第三代>第一代 第二代>第一代
Kruskal Wallis (H) Test：$Chi-Square=19.132$　　$df=2$　　$P=0.000$							

（二）三个代际华人的英译华水平逐渐下降

Kruskal Wallis 检验结果显示，第一代华人和第二代华人之间存在显著差异（$P=0.011<0.05$）；第二代华人和第三代华人之间存在极其显著的差异（$P=0.003<0.01$）；但是第一代华人和第三代华人之间没有差异。由此可见，第一代华人和第二代华人之间出现了华语和英语转换的情况，而华语水平很高的第一代华人由于英语水平较低，导致其英译华水平也较低；英语水平很高的第三代由于其华语水平较低，导致其英译华水平较低，因此二者表现相似，不具有显著差异。统计结果详见表6-17。

表 6-17　不同世代英译华水平比较（$n=189$）

分组	第一代（$n=43$）		第二代（$n=57$）		第三代（$n=89$）		两两比较
	M	SD	M	SD	M	SD	
英译华	3.33	1.67	4.23	1.97	3.53	1.14	第三代>第二代 第二代>第一代
Kruskal Wallis (H) Test：$Chi-Square=12.621$　　$df=2$　　$P=0.002$							

（三）第二代华人的双语转译水平最高

此外，通过秩次比较结果可以发现，第一代华人的英译华水平更高，第三代华人的华译英水平更高，而第二代华人具有双语优势，因此在华英互译方面具有更高的水准。

第三节 语言传承状况堪忧

根据 Kruskal Wallis 检验结果,我们可以发现,不同世代华人抚养孩子的理想语言具有极其明显的差异($Chi-Square=41.004$,$df=2$,$P=0.000<0.01$)。事后比较发现,第一代华人和第二代华人就抚养孩子的语言选择存在极其显著的差异($P=0.000<0.01$);第一代和第三代之间也存在显著的差异($P=0.000<0.01$);但是,第二代和第三代之间没有明显的差异($P=0.979>0.05$)。统计结果见表6-18。

表6-18 语言传承代际比较($n=189$)

分组	第一代（$n=43$）		第二代（$n=57$）		第三代（$n=89$）		两两比较
	M	SD	M	SD	M	SD	
阅读报纸/书籍	1.67	0.47	2.00	0.19	2.06	0.23	第三代＞第一代 第二代＞第一代
Kruskal Wallis（H）Test：$Chi-Square=41.004$　　$df=2$　　$P=0.000$							

根据统计结果,可知第一代华人有14名认为抚养孩子的理想语言只有华语,第二代华人中只有1人认为抚养孩子应该只使用华语,第三代没有人认为抚养孩子的理想语言是华语;反将英语视为抚养孩子的理想语言,第一代华人中间无人认为只有英语是抚养孩子的理想语言,第二代华人有1名被试作此选项,第三代华人则有5名;共有168名被试认为抚养孩子的理想语言是华英双语。由此可以推测,随着世代的变迁,只用华语抚养孩子的父母将逐渐消失,取而代之是华英双语家长;另外,随着世代语言变化,英语也有可能成为抚养孩子的理想语

言。具体见图 6-3。

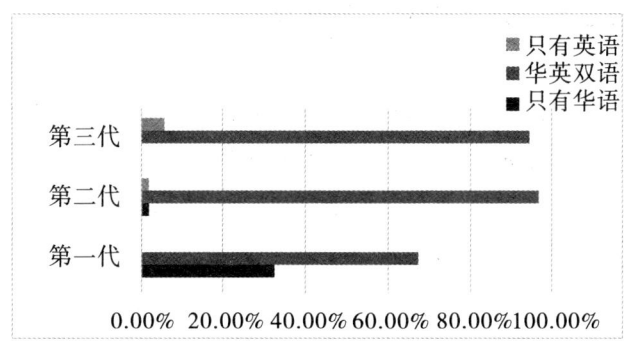

图 6-3 三代华人抚养孩子理想语言比较

计算访谈部分各个代际的词汇频率使用 Nvivo 软件所提供的词频统计宽式标准——"具体化",即将"谈话"和"交流"视为同类,由此生成不同代际访谈资料词云①如图 6-4:

图 6-4 三代华人访谈资料词云

由图 6-4 可以看出,第一代华人访谈资料显示,"英文""生活""工作"在他们的访谈内容中出现频率最高;"国家"

---

① 词云生成方法如下:通过 Nvivo 软件自动切词并人工检查,然后根据宽式标准将词义相近的词语归为一类,计算宽式标准下的词频并由大到小进行排列,词频越高则该词语在词云中所占面积越大,词频越小则该词在词云中显示面积越小。

"认同""改变""使用""比较"出现频率次之；此外，"身份""移民"出现频率也较高。由此可见，对于第一代华人来说，"英文"和"生活"具有很高的联系性，移民导致身份变化，语言使用变化以及进而导致的国家认同的变化可以窥见一斑。

对于第二代华人来说，他们的高频词语是"使用""华文""变化""文化"等。对于第二代华人来说，使用英文已经是顺理成章的事情，使用华语反而是需要特意强调的；同时，此时的"华文"更多是跟"文化"之间存在联系；此外，第二代华人经历了社会优势语言的由华语到英语的转变，同时也亲历家庭内部语言使用变迁，因此"变化"一词使用频率较高。

对于第三代华人来说，最高频率的词汇首先是"使用"，其次是"英文""国家""生活""交流"，再次是"华文""文化"。由此可见，第三代华人最强调的是语言的使用，较之华语，英语是他们的主要语言，所以出现频率更高；同时，英语在国家政治和日常生活方面均具有强联系；而华语和文化之间联系更为紧密，符合新加坡双语政策的规划目的——族裔语用来构建身份、链接文化；而英语是共同语，用于工作交流。

本章对新加坡华人的继承语使用、继承语水平和继承语传承情况进行了相关探讨，研究发现三代华人对华语的使用频率逐渐降低，华语使用场域逐渐缩小，交际对象逐渐流失，华语水平逐渐下降。最终，新加坡华人语言结构形成了"华语主导的第一代""双语并重的第二代"和"英语主导的第三代"的社会语言生态。

第七章
华语传承与华人认同代际弱化现象讨论

第一节　新加坡华语社会"两个弱化"现象讨论

一、华语传承代际弱化

从华语继承语代际变迁的角度来看,三个代际华人的继承语变化形态呈两头尖、中间粗的"纺锤形"结构。具体来说,第一代华人主导语言多为华语或方言;第二代华人多为水平较均衡的华英双语人;第三代华人的主导语言多为英语。随着传统华校生人数日益减少,未来第一代华人将以新移民为主,新移民本身所具备的更高的英语水平将导致第二、三代华人转用英语的速度更快。从语言使用范围来说,新加坡华人社会呈现双言双语的特征。"双言"的表现有两个方面。一是通过对新加坡华语及英语使用场域的调查,我们发现英语经常被用于政府、银行等比较正式的场所;华语常被用于小贩中心、食阁等相对非正式的场所;二者构成了广义的双言。二是就华语内部来说,跟好友交往时,被访者表示在即使会说华语的情况下也会使用华语方言变体,因为方言也会拉近彼此关系。当使用英语时,他们也会同时使用标准英语和新加坡式英语,此为狭义双言。由此可见,新加坡已经具备了双言社会的特征。关于"双语",

Macnamara（1967）认为除母语之外掌握二语听说读写四项当中的某一基本技能即可称为双语者。Crystal（2008）认为双语是个人所使用的两种语言，是由两种单语构成，平衡的双语者是两种语言达到同样水平的人。① 与双言强调社会层面的语言使用不同，双语的概念首先关涉个人层面，其次关涉语言水平。对于新加坡华人来说，学校的教育媒介语是英语，同时华语作为单科学习，个人拥有完善的双语资源；在语言水平方面，通过家庭教育及学校学习，华英两种语言有可能达到同样水准，但更可能的情况是英语成为个人的优势语言，达到一语水平，而华语听说读写水平发展不均，只能达到二语水平。新加坡华人语言使用的代际变迁也反映出个人层面的双语状态及双语水平的此消彼长。总之，华语不再是华人群体的优势语言；社会域华语地位降为低阶语言；家庭域华语交际对象逐渐减少，华语保持情况不容乐观，华语传承代际弱化趋势明显。

二、华人认同代际弱化

研究发现，不同代际的华人身份认同经历了不同的阶段，他们从不同角度进行自我身份建构。

首先，第一代华人移民对中国认同度最高。第一代华人的主要构成者新移民和传统华校生均依然表现出对祖籍国的归属感和认同感。对于新移民来说，由于他们移民时已经在祖籍国完成了基础教育，因此具有较强的自我意识，对中华文化认同度较高，且深度嵌入中国社会网络，生活方式、行为态度和观

---

① Crystal, D. A Dictionary of Linguisticsand Phonetics [M]. Oxford: Blackwell Publishing, 2008.

念认知上更依赖原有的文化体系和自我身份定位,因而较难获得对居住国完整的身份认同。"生于斯,长于斯"的个体生命体验是新移民即使拥有新加坡国籍却依然更加认同中国的主要原因。对于传统华校生来说,虽然他们缺乏在中国的生活体验和社会关系网络的链接,但是他们与祖籍国共享相同的历史文化,并且通过想象建立"此刻"与"过去"的联系,将他者的意义、可能性和视角纳入自我认同,将父辈口耳相传的家族故事升华为对祖籍国的朦胧情感,这种"想象共同体"的身份确认是他们保留族群认同的关键。

其次,第二代华人族群认同程度有所下降。第二代华人的身份认同集合中国认同、新加坡认同和族群认同,多种认同相互竞争的关系导致他们每一种认同都具备,但是每一种认同的"浓度"都不高,最终呈现出典型多重认同特征。

最后,第三代华人具有明显的新加坡认同倾向,并在此基础上对个人身份认同进行了更加细致的建构,在华人群体中凸显新加坡华族的个性身份。由于新加坡积极塑造本国的国家意识,凝聚国民的国家认同,华人意识到他们不再仅仅是中国移民。"新加坡化政策"约束了中华传统文化和族群特性,三大种族和谐政策成功构建了新加坡华人的国家认同及民族认同。总之,新加坡华人的国家认同从对祖籍国的认同过渡到对居住国的认同;其族群认同呈现代际弱化的趋势,从对中华民族的族群认同过渡到对新加坡华族的认同。

综上所述,"两个弱化"现象是新加坡华语继承语和华人身份认同代际差异的重要特征,且二者具有明显的相关性。从宏观层面来说,语言和身份之间具有对应的关系。语言能力可以标志相应的族群身份,族群身份的变化也代表获得或失去相应的语言能力；从微观层面来说，语言是流动的，是不断在人际互动与社会互动中协商的，语码转换和语言选择可以使身份认同得以彰显，人们在特定的时间、地点和面对特定的交际对象也会选用特定的语言。华语水平影响了不同代际华人的族群身份判断，随着华语水平的下降，不同代际华人对华人身份的认同度也逐渐下降。第一代华人移民对祖籍地依然有着"浓得化不开"的情感，而第二代华人和第三代华人对祖籍国的情感相对弱化，访谈发现，他们将新加坡视为家园，与华语之间缺乏情感联系。李光耀在访谈中也指出："那种一厢情愿要回到心爱祖国怀抱的浪漫情怀，是痴心幻想。我们已经变得很不一样了，就是这么简单。你大可回去中国看看，但你跟他们就是不一样。"① Kerman 指出语言和政治的态度可以概括为"感情性依附"和"工具性依附"。② 在新加坡的国家建构过程中，英语发挥着消弭族际误解，沟通多元族群关系的作用，是新加坡的国民意识建构的重要基础，其性质由"工具性"转为"感情性"，表现在第三代华人身上，就是英语水平和新加坡认同的相关性。后结构主义指出，资本分为经济资本、社会资本、文化资本和象征资本③，语言是文化资本且具有象征意义。语言资本可以包括语言能力水平和语言权势地位，个人的语言水平和某种语言的地位可以转化为经济资本，这种转化关系促使学习者对语言进行投资，即学习哪种语言以及投入多少时间精力等。在新加

---

① 吴英成，黄致远. 新加坡华语政策和规划的硬道理［J］. Global Chinese, 2015（1）：267－279.

② 陈若芬. 马来西亚和印度尼西亚语言政策探析［D］. 广州：暨南大学，2006：87.

③ Bourdieu, P. Forms of capital［M］// Richardson, J. C. (Eds.), Hand book of the oryand research for the sociology of education. New York: GreenwoodPress, 1986.

坡乃至全世界，英语作为通用语具有权势地位，这导致华人对华语和英语投资程度不同，继而语言水平及身份认同相应发生变化。

三、"两个弱化"原因探析

（一）不平衡的双语政策

新加坡的"两个弱化"现象的直接影响来自其独特的语言政策。新加坡建国初期是一个真正的多语言华族社会。根据1957年的人口普查数据，当时尚未独立的新加坡的居民所使用的语言（包括华族方言）多达33种，其中有20种语言至少有千人以上使用。李光耀指出，"我们成为一个民族，但没有一个民族的先决条件——共同语文、共同的忠心和共同的心理特征——来导致我们大家都期望的团结"①。在三大种族的民族共同语中，马来语受认同的程度最高，淡米尔语因在印度族的语言威望不高，以致受认同的程度最低；华族人口众多，但华族也是语言最为复杂的族群，其中30%的华族说福建话，17%说潮州话，15%说广东话，说海南话和客家话的各占5%，其余华人使用其他方言。而说华语（普通话）的华人仅占全国总人口数量的0.1%。由于闽、粤、客三大汉语方言群彼此间差距颇大，以致华族内部无法进行口语交际。从社会交际需求和族群团结的目的出发，独立后，新加坡政府将英语作为各民族的族际共同语，并且采取统一学制、统一课程与考试、创立混合学校等措施推多语教育。1965年10月2日，总理公署发表一篇文

---

① 亚历克斯·乔西. 李光耀 [M]. 安徽大学外语系、上海人民出版社编译室译，上海：上海人民出版社，1976：137.

告,指出"在新加坡,四种官方语言——即马来语、华语、淡米尔语和英语都是同等地位的官方语言。马来语是我们的共同语文,它是我们的国语……新加坡的宪法将重新规定各语言向来所享有的地位。"至此,新加坡正式确定了四种官方语言的基本政策。客观来说,华族作为多数民族主动退让,实行这种"双语教育"政策在缓和当时民族矛盾、促进民族融合,推动国家经济文化建设以及和睦邻国的关系等方面起了重要作用。但是我们也应该注意到,因为政府某些观念的偏差,导致双语政策实行并不到位。例如,政府为树立国民的国家意识,极力强调新加坡的华人是讲英语的华人,而不是讲华语的华人;选用人才、任用官员、就业导向等方面都把英语水平作为首选条件;精通汉语的人前途有限,甚至连通晓华英双语的人也遭很多部门的排斥,难以融入英语社会。当时,整个新加坡社会认为"只有只通英语、不通母语的人才是可靠的"①。这种政策措施的导向,必然会挫伤华人子弟学习继承语并将其保持和发展的积极性,华人家长为子女前途考虑,自然会放弃让其子女就读华校。1987年开始,新加坡统一全国各源流学校,均以英语作为第一语文,母语为第二语文,其国家语言政策最终发展为四语并存、英语独大的双语政策。

(二)国家实力竞争的结果

吴应辉(2011)通过研究联合国五种工作语言的国际化进程后指出,国家硬实力是语言国际传播的决定性因素。同样,尽管新加坡语言政策的制定受到经济、政治、文化等多种因素的影响,

---

① 郑通涛,蒋有经,陈荣岚. 东南亚汉语教学年度报告之四 [J]. 海外华文教育,2014(4):340.

但归根结底经济是最关键的影响因素,华语母语国的硬实力不足是新加坡未选择华语作为国家共同语的重要原因。

1. 殖民地时期

英国殖民政府的行政、管理语言都是英语,因此一个人如果会英语在当时可以谋得社会地位高的工作。但是英国殖民政府为了区分各个阶层,并不主动发展英语教育,而是选用一批懂英语的当地人作为英国统治者的代言人,起到连接上下级的作用。由于英语在当时被视为管理阶层的语言,因此很多富有的华商鼓励子女学习英语,他们本身"既是纯粹的中国人,又是地道的英国人"①。受过英语教育的马来人,因为其英语、马来语的双语优势也在求职市场上受到欢迎,他们多选择翻译、文员、教师等职业,也有的人从事商业贸易工作,但是大多数从事传统农业劳作;印度人则多在种植园从事种植工作。因此,英国殖民主义者采取的劳工政策、土地政策、商业政策、教育政策等种族分离政策,造成了各个种族间明显的政治分工和经济分工。而当时的中国正处于内忧外患的清政府末期,无力顾及海外华人的华语教育,因此华语教育主要依靠当地华人自力更生。如1854年陈金声父子创办萃英义学,该校是第一所免费的华人私塾。此后以汉语方言为教学用语的私塾在英属时期新加坡不断涌现,期间甚至还有华人女学。但是,私塾教学越来不适合当时社会的要求,甚至出现"侨居星洲者不下二十余万,但其子弟多崇尚英文教育"②的情形,华文教学面临困难境地。

---

① 康斯坦丝·玛丽·藤布尔斯:新加坡史[M].欧阳敏,译.上海:东方出版中心,2013.

② 汤锋旺,李志贤.20世纪前期新加坡华人会馆学校社会经济史研究——基于潮州公立端蒙学校经费的分析[J].世界民族,2014(4):85-93.

2. 第二次世界大战之后

1949年，中华人民共和国成立初期，全国经济总量占世界经济的份额不足1％，在国民生产总值中，工业仅占12.6％，农业和手工业占绝大部分比重。1952年中国重要的工业产品人均产量不仅远落后于美国，而且还落后于印度。如美国当时人均的钢产量为538.3公斤，印度为4公斤，中国仅为2.37公斤；美国的人均发电量为2949度，印度为10.9度，中国为2.76度。① 同时，朝鲜战争爆发导致美国对中国实行禁运政策，且开始对中国实行"差别贸易"，中美直接贸易往来完全处于停顿状态，给中国的对外贸易带来了巨大影响。20世纪70年代，中国经济发展更是严重停滞。反观第二次世界大战后的欧美国家，经济迅速发展，社会稳定繁荣，其经济实力在世界经济中占有全面的优势。从1955至1968年，美国的国民生产总值以每年4％的速度增长；同一时期的法国、德国、英国经济增长速度分别为5.7％、5.1％及2.8％，远远超越中国。1965—1970年，美国的工业生产以18％的速度增长，1970年美国拥有世界煤产量的25％，原油产量的21％，钢产量的25％。而1978年，中国的国内生产总值仅占世界经济比重的1.8％，城镇居民人均可支配收入仅为343.4元，远低于世界平均水平。② 总之，在过去几十年，欧美各英语国家凭借经济、军事、科技等方面的硬实力不仅巩固了英语的地位，而且不断提升了其国际影响力，使英语成为事实上的国际通用语言。再看新加坡，作为一个岛国，

---

① 第一个五年计划的编制与实施.（1953—1957年）［J］. 中国产经，2018（03）：75—83.

② 林毅夫. 中国经济改革的成就、经验与挑战［EB/OL］. https://baijiahao.baidu.com/s?id=16211565388140538 45&wfr=spider&for=pc（2022-2-8）.

自然资源匮乏。除了19世纪末英属时期围绕马来亚半岛的橡胶与锡的发展而形成的少量制造业,几乎没有自己的民族工业。新加坡独立后,其经济发展以转口贸易为主,对外依赖程度较高。1960年,新加坡农业总产值占GDP的4%,工业占18%(其中制造业占12%),服务业占78%。[①] 由此可见,新加坡经济具有高度对外依赖性。政府的出口导向政策要求其国内能够拥有使用英语进行沟通交流的大量劳动力,以适应外资企业的运作。而一切以经济发展为重,一切政策围绕经济发展而制定的实用主义精神是新加坡人民行动党所秉持的执政理念。因此在当时的历史背景下,新加坡不可能选择站边中国及选择华语。"单靠华语不能过活"代表了新加坡政府对华语的看法,政府大肆渲染危机感,让民众树立危机意识,并指出只有就读于英校,学习现代知识才能为国效力,才能自我发展(杨亚红,2018)。[②]

综上所述,殖民地时期中国的羸弱国力无法支撑海外华人的母语教育和发展,华语在当时无法与英语的统治地位进行竞争,这促使新加坡最初的社会语言生态格局得以形成。第二次世界大战后中国的经济、科技、军事等与欧美国家新兴经济体之间存在巨大差距,这再次驱动了新加坡政府对中华文化及华文教育的改革和改造,并最终形成了以英语为主的双语政策。可以说,国家实力竞争导致语言竞争,英语在语言竞争中的优势地位促成了新加坡双语政策出台,而双语政策的实施最终导致新加坡华语传承乏力、华人族群认同衰减的"两个弱化"现象。

[①] Rodan, G. The Political Economy of Singapore's Industrialization: Nation State and International Capital [M]. London: Palgrave Macmillan, 1989: 41.

[②] 杨亚红. 新加坡建国后华族文化发展的困境 [D]. 武汉:华中师范大学,2018.

第二节　新马两国语言传承"逆预期"现象比较

一、新马两国语言传承"逆预期"表现

新加坡和马来西亚同处汉语传播边缘圈层，新加坡和马来西亚都是将华语当作华族母语进行学习传承的。但是这两个国家的华语发展态势却与人们普遍预期截然相反，我们或可称之为"逆预期"现象。具体表现如下。

在人口构成比例方面，两国比例互补。新加坡是世界上除了中国以外华人占比最大的国家，为74.3%，马来人为13.4%。在马来西亚，马来族是国内主体民族，占比为68.1%以上；华人是少数民族，人口占比约为23.8%。

在语言政策方面，新加坡实施双语政策，华语在新加坡具有官方语言的法律地位。马来西亚则奉行"一个国家，一种源流，一种语言"的单元语言政策，出台相关政策以保障马来语的国语地位，华语并未被确定为官方语言。如1967年出台的《国语法案》规定马来语是唯一的官方语言；1972年颁布的《教育修正法令》则限制学校董事会权力；1984年吉隆坡教育局发出JMWP20/80通告，要求所有集会都必须使用马来语；1985年马来西亚大学中文系提出禁止主修中文的学生用中文撰写论文；1996年出台的《教育法令》对私立学校进行规范，要求课程安排必须遵守国家教育课程纲要。除了对华语教育加以限制，马来西亚华人在国内也遭受了不平等待遇。如1971年马来西亚通过《宪法修正案》确认马来人的特权地位，包括保留地制度、服务公职的保留名额制度、高等教育优先特权及某些行业的特许经营权等。从那时起，马来西亚就成为由马来族公开统辖社

会关系的国家。然而,尽管马来西亚在华语教育和华人权利等方面面临诸多限制和不公,但是马来西亚华语教育却在东南亚地区一枝独秀,保留了从幼儿园到小学、中学乃至高等院校的完整华语教育体系,华语作为母语教学的地位十分稳固,被誉为华语教育的"语言飞地"①。反观新加坡,华语具有国家法定语言地位,但与现实表现相比反差较大。目前,在新加坡以华语为家庭常用语的华族小学一年级学生从1990年后逐年递减,2000年占比为55.4%,2004年为47.3%,2009年这一比例降至40%;而以英语为家庭常用语的华族小学一年级新生人数却不断上升,并于2004年首度超过华语,英语处于主导地位(吴英成,邵洪亮,2014)。

综上所述,新加坡和马来西亚两国历史上虽曾为"一家",但两国的华语教育表现存在明显的"逆预期"现象,新加坡的华文"有名无实",马来西亚的华语教育则"有实无名",二者形成了鲜明的对比。

二、新马两国"逆预期"探因

1965年之前,新马属于同一国家,二者在文化教育方面具有高度同质性。新加坡独立以后,两国处于相同的历史背景及区域环境之下,虽然母语国的硬实力对新加坡的华语教育造成了重要影响,但同样的影响并没有发生在马来西亚的华语教育上。如此可见,我们需要从另一角度探寻马来西亚华语教育得以保持发展的原因。"软实力"是指除经济、军事、科技等外的其他实力,主要包括文化、价值观、意识形态、外交、国民形

---

① 叶俊杰. 马来西亚华文教学研究 [D]. 北京:中央民族大学,2012.

象等方面。中华文化、儒家价值观等对马来西亚华人的吸引力是影响该国华语传承和族群认同的又一重要因素。而新马两国对中华文化的不同态度,可从华语教育目标与华语教育内容的差异中窥见一二。

(一)教育目标

双语政策是新加坡教育的基石,母语教育具有传承文化的作用。但是,纵观五次母语检讨报告,我们可以发现新加坡政府对华语教育的标准不断降低。吴庆瑞报告书(1979)指出根据语言能力的不同,小学四年级分流考试后学生有三种源流可供选择:EM1是指学生的英语和母语水平都达到了近似第一语言的级别;EM2是指学生英语达到一语水平,母语达到二语水平;EM3是指学生英语达到一语水平,母语仅限于口语交际。可以看出,无论哪种源流都对英语提出了高标准、严要求,对华语继承语则根据学生能力区别对待。王鼎昌报告书(1992)建议将"华语第一语文"改为"高级华文","华语第二语文"改为"华文",因为"华语第二语文被一些家长和学生看成是'次等'或较不重要的语文";增加考试中较容易得分的听力权重,提高可进入高级华文课程学习的人数比例。降低对华语书面能力的要求,虽然学生学起来更加容易,却直接导致学生读写能力降低。李显龙报告书(1999)根据当时家庭语言发生转用的情况,提出应该为学生量身打造适合其水平和能力的母语课程,必要时可以使用英语讲解华语知识,进行辅助教学。黄庆新报告书(2004)提出重视对学生听说能力的培养,重视交际能力的训练,但是学生的读写能力下滑更为严重。何品报告书(2010)提出培养"积极学习者,熟练的使用者",关注其口语互动及写作互动,给教师更多发挥的空间以有效调动课堂气氛,改善教学效果。总体来说,新加坡对华语的历次检讨及改革,逐渐减低了对华语能力的要求并通过标准的降低提高华语学习的人数,这种"以质换量"的做法无疑是逐渐将华语母语教学推向华语二语教学,华语教育中的文化因素让位于华语技能训练。

反观马来西亚,国民型的华小、国民型中学以及独中都依然将华语教育视为教学的重点。马来西亚华语教育专家连玉先生曾指出:"我们的文化,便是我们民族的灵魂,这崇高的、圣洁的灵魂必须受到极神圣的尊重,而我们文化的传递与发扬,必然寄托在华文的继续存在及发展的上面,所以尊重我们的华文教育,即是尊重我们的文化。"[①] 董教总[②]独中工委会在《独中建议书》中提出独中是华文教育的堡垒,华文教育具有维护母语教育和传承中华文化两大使命;规定母语教育必须以华语为主要教学媒介语;主张唯有十二年的母语教育才能为学生打下中华文化的根基。在国民型中学,华文只是单科,华语也不是主要教学媒介语,国民型中学的社区链接、家校链接依然非常紧密,其学校资金来源的70%以上为华社捐款,校园中的中华文化氛围浓厚,与马来族为主体的国民中学完全不同(黄集初,2016)。可以说,即使华语不是教学媒介语,但是国民型中学的学生始终保持着华语一语水平和中华文化认同。

---

① 林连玉.马来亚联合邦华校董教机马华公会代表联席会议宣言[M]//林连玉.华文呼吁录.吉隆坡:林连玉基金委员会,1986:11—12.
② 马来西亚华校董事联合总会(简称董总),马来西亚华校教师会总会(简称教总),合称董教总。

(二）教育内容

在教材方面，马来西亚的华小华文课程内容包括以硬笔和毛笔书写汉字，三年级开始写基本笔画和描红名家字帖，四年级开始仿影名家字帖，五六年级临摹名家字帖。掌握书写技巧，写作各题材文章；学习古诗词，一是背诵古诗，一般是教材所选用的古诗，每年10首，六年共60首；二是阅读古诗，这部分内容由老师灵活处理选文。新加坡《小学华语课程标准(2002)》指出，小学华文教材的内容应以课标中所规定的主题、传统文化内涵、核心技能与价值观为依据，确保兼顾语文技能、文化性和思想性。教材内容突出五大主题：个人层面（以人为本）、家庭层面（家庭为根）、社会层面（社会为先）、国家层面（胸怀祖国）以及世界层面（放眼天下）。上述五大主题中体现了对国家、社会乃至世界的关注，但是缺乏民族认同感培养的主题，这与母语教育的基本目标悖离。

在活动方面，华语在马来西亚的华小和国民型中学都通用，且有个别学校以华语为唯一通用语，其他学校则可能通用华巫双语或华巫英三语。校园有浓厚的中华文化色彩，设有华文学会、华乐团等团体。此外，也经常举办与中华文化相关的活动，包括书法活动、文学创作活动、中华武术活动、中华民间舞蹈活动等。大部分国民型中学以双语来进行周会或课外活动。此外，学校也以双语来发通告。有数据统计，超过半数的国民型中学会举办新年挥春、中秋庆典等活动；书法比赛、华文作文比赛、华语演讲比赛及华语歌咏比赛也是广泛开展的全校性活动。而在新加坡，为了提高学生学习华语的兴趣，2010年该国开始推行"母语双周"活动，希望通过参与为期两周的各种有趣的活动使学生有机会在课堂以外使用母语。但是这种偶尔为之的活动到底能在多大程度上促进学生的华语学习还是需要长期观察的。另据相关报道显示,"母语双周"增加了华语教师的工作压力,引发了一些教师不满的声音,所以如何顺利推行该项政策仍需更多探讨。

(三) 教学时长

以小学华文课程为例,目前新加坡小学华文课程分为由高到低三个类别:高级华文课程、华文课程及基础华文课程。自2000年开始,新加坡小学教学时长基本保持稳定。一方面,课时安排根据学生修习华文等级的不同有所区别。每周高级华文课程比华文课程多1课时,比基础华文课程多3课时;另一方面,随着年级的上升,三类华文课程课时量均略有调整。总体表现为小一和小二课时安排最为充裕,小四课时安排最少。以高级华文课程为例,小一和小二时每周7课时;小三、小五和小六每周5.5课时;小四课时安排最少,每周5课时。此外,基础华文课程到小四才开始,此前此类课程在小六会考中没有对应的试卷。因此有研究者指出,本就华文能力一般的基础华文学习者若无考试压力恐怕很难保有学习华文的兴趣。中学课时量较之小学降幅明显,特别是高级华文和华文(快捷/普通学术/B),课时量下降了将近一半;基础华文与小学基本持平。统计数据见表7-1。

表7-1 新加坡华文中小学课时安排(节/周)

等级	小学					
	小一	小二	小三	小四	小五	小六
华文(高级)	7	7	5.5	5	5.5	5.5
华文	6	6	4.5	4	4.5	4.5

续表7-1

华文（基础）	—	—	—	2.5	2.5

中学					
等级	中一	中二	中三	中四	中五
华文（高级）	4.25	4.25	4.25	4.25	—
华文（快捷）	3.75	3.75	3.75	3.75	—
华文（普通学术）	3.75	3.75	3.75	3.75	3.75
华文（B）	3.75	3.75	3.75	3.75	—
华文（基础）	2	2	2	2	—

马来西亚的小学有两类：一类是政府全拨款的国小，以马来语为主要教学媒介语；另一类是政府部分拨款的华小，除英语和马来语科目，其他科目以华语为教学媒介语。据2002年数据，马来西亚国小每周华文4节；华小低年级（一年级一三年级）每周12节，高年级（四年级一六年级）每周10节。另据2016年我们对沙巴育英华小的调研数据可知，华小低年级每周14节，高年级每周10节。另有数据显示目前华小低年级以华语为媒介语的课程约11小时/周；高年级课程约11.5小时/周。[①]中学在马来西亚主要有三类：独中、国中及国民型中学。独中的办学经费来自华社捐款和学生学费，由董教总负责运作管理；国中建设款项全部来自政府；国民型中学则介于二者之间，部分经费自筹，部分由政府拨款。因此三者课时安排差别很大。独中的教学媒介语是华语，华语为第一语言教育；国民型中学与国中的教学媒介语是马来语，华语相当于二语或三语教育。

[①] 余可华. 多元化背景下马来西亚华文教育的现状、问题及对策[J]. 国际汉语教育（中英文），2017，2（2）：101—107.

但国民型中学华文每周大概有4至7课时；国中华文课为选修，每周大概3节课，有的纳入正课，有的排在课外。国民型中学90％以上的学生为华裔①，限收华小生是其维持华校的重要基础和重要保障机制。

由此可见，新加坡小学与马来西亚华小的华文上课时长具有明显差异，华语教学性质也有本质区别。新加坡中学跟马来西亚的国民型中学类似，但是其文化氛围、华语环境方面仍有诸多差距，与独中更是没有可比性。董教总独中工委会主任吴建成指出民族性应该表现为以下几点：一是以华族为主要董事、家长、教师及职员；二是华族是主要支持者；三是以华族子弟为主要教育对象；四是以华语为主要教学媒介语；五是以统考为主要考试目标；六是以继承和发扬中华文化优良传统为基本德育内容；七是以德育贯穿指导智、体、群、美；八是以华社为主要服务对象。②

综上所述，新加坡以多元文化主义切分了英语和华语的功能，将华语与感情性功能挂钩，英语与交流性功能挂钩。在实施双语政策过程中，政府通过升学、就业、升职、加薪等手段强化英语地位，同时通过降低华语标准获得更多学习者，实现了"突出英语、保留母语"的顺利转化。英语是新加坡人国民意识的塑造工具，华语对华族的象征意义逐渐减弱；政府把对母语的保持定位在基本运用层次，降低了母语的地位。马来西

---

① 黄集初.马来西亚华文教育体系省思［D］.武汉：华中师范大学，2016：223.
② 吴建成.华文独中的特质［G］//独中工委会.华文独总90年代的教育与办学策略：1991年华文独中校长交流会资料汇编.吉隆坡：马来西亚华校董事联合会总会，1992：129.

亚华文教育则是华人社会奋力抗争的结果,这种对马来文化的不认同、对中华文化的不放弃是华语教育常青的重要因素。

第三节 扭转"两个弱化"的对策建议

根据国家统计局数据,2018年我国GDP首次突破90万亿元大关,较比上一年增长6.6%,实现了预期发展目标;贸易总量首次超过30万亿元,创历史新高。截至2017年年底,我国一共在146个国家(地区)建立了525所孔子学院和1113个孔子课堂(孔子学院年度报告,2017)。总体来看,中国经济持续向好,为华文传承和保护提供了重要的经济保障。中国与绝大多数东南亚国家之间外交关系良好,地区外交关系稳中有升,为华文教育的发展提供了政治保障;中国与东南亚多国经济贸易合作程度不断深化,"一带一路"建设倡议的实施、中国—东盟自由贸易区的建立等有效推动了中国与东南亚国家之间经济合作,同时也为该区域的华语传承带来了新机遇。鉴于此,本书提出以下几点建议,以期有助于扭转"两个弱化"的趋势。政策主要针对华语传承保持所涉及的各方。对于中方来说,新加坡华语是汉语普通话变体之一,作为母语国具有规范传播的责任;对于新加坡来说,华语为国家法定语言,是该国华人族群文化保持的重要载体。

一、启动合作机制,共建华语传承联盟

中国是华语教育的母语国,新加坡和马来西亚同处汉语传播边缘圈层,拥有规模庞大的华人群体及比较完备的华文教育体系,加强中、马、新三方合作,共建华语传承联盟,将有助

于东南亚乃至世界范围的华语继承语教学增量提质。华语传承与传播的重中之重在于人才培养,解决汉语教学的师资问题对于汉语国际教育的良性发展具有重要意义。

华语作为继承语的学习与华语作为二语的学习存在巨大差异,在师资培养方面也应该有所不同。如有的研究表明新加坡华语教师的语法基础不牢固,缺乏语法分析能力,因而在教学过程中只知其然而不知其所以然(吴英成,2010)。中国培养的教师虽然具有较完备的语言素养,但是缺乏对教学方法的灵活运用,对海外教学环境及教学对象也缺乏一定了解,难以满足当地教学需求。因此,应该充分发挥中马新三国各自的优势,共同探索华语教师培养模式,构建师资培养联动机制,培养华语精英教师。此类华语精英教师应具有良好华语能力和中华文化素养,同时兼具本土社会文化优势,在所在国工作和生活时,可以实现无障碍交流。相比较一般的汉语作为第二语言的学习者,他们成为精英的步伐更快、用时更少、效率更高、对中华文化的理解度也很高。中、马、新三国各自拥有不同优势的华文教育资源,三方之间可积极开展校际合作,形成联动机制,整合师资和管理资源,加速华语精英的培养进程。如中国方面可以提供丰富的课程体系和汉语本体知识,这是成为华语精英的基础;新加坡方面可以提供国际化的教学环境和高质量的英语课程,这是华语传播精英与世界对话的关键;马来西亚方面可以提供从幼儿园到大学的完整华语教育见习体系,这是华语精英养成的必要保证。华语精英既可以在本国从事华语教学、师资培训、教材研发、测试评估等方面的工作,也可以在世界各地开展华语教育的相关活动。同时,他们还可以胜任语言政策的制定、华语新闻传播、华文文学创作等更广泛意义上的华语传承工作。

二、联合华社资源，强化文化认同

会馆社团、华文教育和华文媒体是华人社会的三大支柱。新加坡作为海外最大的华人聚居地，华社数量众多。在宗乡会馆联合总会所注册的华人社团就有230余个，类型涉及乡亲（地缘）会馆、宗亲（姓氏）会馆及其他会员团体。1995年，宗乡总会创立"华裔馆"，成为海外华人研究中心；2004年，其与中华总商会联合设立"中华语言文化基金"，以推动和支持本地华族语言及文化的学习研究及发展；2011年，"新加坡宗乡会馆联合总会奖学金"成立，以培养新加坡的双语双文化人才；2012年"新加坡华族文化中心"成立，以推动华族文化发展，提升文化认同。同时，各个华人社团定期开展如春节团拜、端午嘉年华、华族文化营等活动。此外，新移民还给当地华人社团的发展注入了新的力量。2003年，新加坡三江会馆举行了新一届理事就职典礼，吸纳了多名中国新移民。2005年南安会馆举行招募活动，有20名左右的中国新移民加入其中成为会员。同样，马来西亚的华社也与此类似，通过兴教办学、提供奖助学金、举办文化挥春、舞狮、打四季鼓等各种文化活动来促进华语教学和中华文化传承。华人社团除了在华文教育方面多有建树，也积极拓展文化传播的方式，逐渐将视野投向国内，组织华裔青少年返乡旅游、寻根、省亲，进行学术研究和文化交流。如新加坡茶阳会馆和新加坡国立大学合作，设立学术基金，为中文系研究客家文化的学生提供资金，让他们到原乡去做田野调查，仅2014年就有13位学生回到大埔原乡进行学术调查与研究[①];马来西亚揭阳会馆组织返乡探亲团回祖籍地返乡寻根。由此可见,华社在华文教育保持、中华文化传承、新移民融入等方面发挥了重要的作用。近年来,国侨办采取多种措施帮助海外华人发展华文教育,如举办"寻根之旅""华夏行""中国文化大乐园"等项目增强海外青少年华裔的文化体悟;各类项目惠及大量华裔人群,提高了他们的语言水平,增进了各国华裔的相互理解。由于大多华社都是基于地缘建立的社团组织,与中国具有密切联系,国内侨务部门对此应有足够的认识并充分利用这一优势,以适当的方式沟通三方,深入开展多项文化交流活动。此外,目前国侨办通过依托当地海外华人社团或华文学校开展了各种华语比赛项目,以激发海外华裔的学习热情,如泰国的"泰华青少年华语演讲比赛"、马来西亚的"全国中学华语辩论赛"等,未来可考虑通过多方合作,扩大此类比赛范围,跳出一地一国,通过地区和国家间横向交流,鼓励华语学习者跳出本国圈子,在更大范围内发现华人共性,重新审视自我并找到归属感,进而更为全面客观地构建族群身份。由此可见,三方合作,依托华社这一平台所开展的各项交流活动,不仅具有保持华语传承的意义,也有助于华人身份的构建与认同的强化。

三、加强政策导向,拓展华语功能

新加坡国家语言管理实践表明政府的政策导向对语言学习具有重要的引领作用。随着多元主义的兴起以及联合国对保护

---

① 赵娜娜. 二战后新马粤籍华侨华人社团文教功能的发展和变迁[J]. 八桂侨刊,2018(2):36—47.

文化多样性的倡议，语言濒危和语言保护开始引发全球社会的关注，新加坡应该抓住契机，重视国家政策科学规划，激发学习者的热情，提升学生对华语的兴趣。具体来说，可以从拓展华语功能、提高华语考试权重等方面着手。

拓展华语功能。新加坡的双语政策实施已经超过了半个世纪，期间虽然一直存在检讨改革，但是没有根本性的改变。新加坡学生的华语掌握程度持续下降，现代社会对真正平衡双语人才的需求不断升温。社会用人需求与学校人才培养之间的错配状况表明新加坡语言政策亟待调整。在新的国际格局下，新加坡奉行的"英语为用，华语为体"双语政策已经不再适用于当今社会，华语正逐渐成为最有发展潜力的全球语言（吴英成，2010；Goh，2017）。郭熙（2008）也指出华语在新加坡已经不再是哪个语群或族群的利益，而是整个国家的利益所在。华语作为新加坡重要的国家资源，应被充分利用。李光耀曾说过："新加坡的双语政策已经进行了多次变革，未来还会继续这样做，尤其现在面临的是一个持续变化中的世界，新加坡与外部世界发展的联系愈加广泛，语言政策不可能一成不变，必然会不断地进行相应调整。"[①] 因此，可以尝试扩展华语在新加坡的功能，将其设定为辅助性工作语言，重点关注华语在未来社会中的经济价值。这不但符合语言生活实际，也符合广大华族学生及众多异族学生学习华文的动机转向。本书研究表明新生代华人的族群认同已呈下降趋势，族群认同与华语使用之间的关系也变得相当松散。像过去那样一味强调华语的族群属性无法

[①] 李光耀. 我一生的挑战：新加坡的双语之路［M］. 新加坡：联合早报，2012：260.

给华语教学带来明显的变化，意图通过文化传承和族群认同促使华语再学习恐怕难以实现。而从语言使用价值和经济属性方面调动学生的积极性，进而实现华语传承可能更具现实意义。

提高华语成绩权重。目前新加坡小学华文课程按照语言知识和语言技能的要求，从高到低共分为三个类型：高级华文、华文和基础华文。以往小六会考（PLSE）对基础华文部分不做考试要求，也就是说，虽然学生修习的是基础华文，但是这部分学习内容并没有在考试中有体现，这显然并不利于本就基础一般的学生进行华文学习。2008年开始，教育部要求上述三种类型的华语学习者均需参加考试，这在客观上促进了水平较低者加大对基础华文部分的学习投入。此外，2001年，政府规定只有小六会考成绩优秀的学生在中学阶段才可以选修高级华文，这种根据考试总成绩而非华文成绩决定后续学段华文学习层次的做法，一定程度上挫伤了华语成绩较好的但总成绩一般的学生的积极性。2004年，政府取消小四分流，开始实行"科目分流方案"，允许学生根据自己的实际水平选择科目组合模式，给了学生一定的选择自由度；2008年，继续实施"科目分班制度"，使华文成绩对学生选择后续学段华文课程类型有了较大的作用；但是随着学生学段的升高，华语科目的考试权重又逐渐下降，这是因为中学阶段学生可以不必将华文选作计分科目。2004年，大学入学考试中华文成绩不记入总分，目前华文成绩依然不是升入大学的必要条件。华语成绩在关键考试中的比重是影响家长和学生华语学习态度重要因素，因此适当提高华语成绩在考试中的比重，可以一定程度上促进学生对华语的学习和保持。

总之，华语继承语的保持和发展是一个系统工程，既需要国际合作，也需要新加坡国内政府的积极规划。切实提高华语继承语的使用频率，扩大华语继承语的使用场域，形成国家重视、学校引领、社区支持、家长鼓励的华语继承语传承新局面，才能最终实现华语使用的再回归。

本章对新加坡华语传承弱化和华人认同弱化的现象进行了讨论，并提出语言政策是导致"两个弱化"现象的直接原因，国家实力竞争是导致"两个弱化"的关键因素。同时，本书就新加坡和马来西亚华语传承过程中所表现的"逆预期"现象进行比较，并指出文化认同是造成两国"逆预期"现象的主要原因。最后，为了扭转新加坡"两个弱化"现象，本章提出要加强中国、马来西亚和新加坡之间的合作，共建华语传承共同体；联合华社资源，协同华语教育；加强政策导向，拓展华语功能等建议。

第八章 结　论

第一节　主要研究结论

一、华语继承语代际弱化

通过对新加坡三代华人华语继承语的研究,本书发现新加坡华人语言偏好、语言使用均存在由华语转向英语的趋势;华语水平随着代际的变迁呈现逐步下降趋势,而英语水平随着代际的变迁呈现逐步上升的趋势;整个社会由华语主导发展为英语主导。同时,移民和传统华校生的语言使用场域存在一定分化现象,随着传统华校生人数的萎缩,新加坡社会将由语言多样性趋于语言同质化,少量第一代移民可能继续保持其继承语,第二代和第三代的继承语习得与发展状况堪忧,总体来说各个世代继承语表现如表8—1:

表8—1　不同代际继承语比较

世代 表现	第一代	第二代	第三代
语言偏好 优势语言	只说华语或 华语1英语2	华英双语	只说英语或 英语1华语2

续表8-1

世代 表现	第一代	第二代	第三代
语言使用	移民：家庭域华语 社会域分化 华校生：家庭域 ＋社会域 均以华语为主	家庭域分化 社会域因人而异	家庭域＋社会域 均以英语为主
语言水平	华语＞英语	华语≈英语	英语＞华语
语言传承	华语/华英双语	华英双语	华英双语/英语

总体来说，三代华人的语言形态呈两头尖、中间粗的"纺锤形"结构。第一代华人主导语言多为华语或方言；第二华人多为水平较为均衡的华英双语人；第三代华人的主导语言多为英语。随着传统华校生人数的日益减少，未来第一代华人将以移民为主，第二代、第三代华人的语言形态将逐渐趋同。倘若新加坡语言政策保持不变的话，那么以后新加坡的社会语言将会走向单一化。

二、国家实力和文化认同是影响语言传承的重要因素

本书通过对新加坡华人社会"两个弱化"现象的分析，及新马华语传承"逆预期"现象的比较分析，指出母语国硬实力和文化吸引力是影响语言传承的重要因素。一方面，母语国硬实力构筑了语言传承的基础。母语国在经济、政治、科技等方面的实力表现是其他国家制定语言政策的重要参考依据，而国家语言政策既可以影响社区、学校、家庭及个人的语言态度及语言选择与使用，也会影响说话者的个人身份认同。因此，母语国硬实力对语言保持和传承具有重要意义。另一方面，文化

吸引力决定了语言传承的持久性。新加坡双语政策导致中华传统价值及中华文化认同出现了不同程度的收缩，社会环境西化严重，中华文化对学习者吸引力下降是华语保持乏力的重要因素。考试等强制性的措施可对华语短期保持有一定促进作用，但长期效果欠佳。因此可以通过教材文化内容设计、校园文化氛围营造等方式加强中华文化浸濡，促进华语的传承和发展。

第二节 创新之处

一、选题创新

继承语是二语教学的新兴领域，目前研究大多集中在国外，国内研究大多从微观习得层面探讨华语继承语习得，从宏观层面探讨华语继承语的研究较少。本书从宏观层面出发，从华语继承语角度切入，探讨华语保持与华人身份认同的相关性，丰富了汉语国际教育的研究内容。因此本书研究在选题上具有一定的创新性。

二、方法创新

汉语国际教学的研究多数采用量化手段或质性手段进行。一般来说，量化方法易总结规律，质性研究善发现细节。本书综合运用量化手段和质性手段，发挥两种研究方法各自优势，力求形成三角论证，以使结论更具说服力。

三、材料创新

本书作者深入田野，细致观察当地语言生态及风土人情。广泛接触各类华人群体，与访谈对象建立了良好的关系，进行了深入的交流，有效提高了本书研究的可信度。同时，本书材料来源多样，包括调查问卷、访谈、教材文本、新闻媒体报道、宣传图片等，各类一手资料的获得为本书研究提供了有效支撑。因此，本书在研究材料方面具有一定的创新性。

四、理论创新

本书力求从大量的原始数据和质性材料中发现线索，总结规律，升华理论。关于新加坡华语继承语和华人身份认同，提出了"两个弱化"现象。关于华语继承语和华人身份认同的互动关系，我们发现了如下规律：语言使用影响继承语水平，继承语水平影响华人身份认同；而华人身份认同对继承语在学习上具有促进作用。总之，本书研究同时涵盖了横向比较和纵向比较，完善了以往研究，具有一定的创新性。

第三节 局限性与后续研究

一、局限性

本书仍然存在诸多局限与不足。首先，问卷调查方面。由于新加坡华人构成复杂，笔者时间精力有限，因此导致研究无法使用随机抽样方法确定被试，可能会对调查结果造成一定影响。其次，数据处理方面。由于笔者非统计专业出身，尽管修读了一些统计专业课程，但是在处理分析数据之时仍时感知识欠缺，无法运用更高层次的统计手段进行更加深入的数据挖掘工作。最后，田野调查方面。由于笔者的田野调查时间较短，无法进行历时跟踪调查，因而只能选择使用准纵向的研究方式进行，未来相关研究可以考虑进行长期追踪调查，做更进一步的探究。

二、后续研究展望

本书对新加坡的华语继承语、华人身份认同进行了调查研究和理论探讨，提出华人身份认同的三阶模式及华语继承语和华人身份认同互动框架。在本书研究的基础上，后续研究可以关注以下几个方面。

首先，加强比较研究，对现有研究进行验证或完善。华人构成情况复杂，不同国家在国家语言政策、社区语言环境、国内族群关系等方面存在较大差异，对其他国家和地区的华语继承语和华人身份认同的相关研究可以扩充研究样本，降低研究偏差，修正研究模型，提升理论的科学性和合理性。

其次，构建华语测评体系，服务全球华人及华语研究者。在研究过程中，我们发现华语继承语水平的测量缺乏统一的标准，HSK 考试对象主要为非华裔，单纯依靠华人的自我评估可能会有失偏颇。针对华裔的测评体系的构建可以更好服务全球华人，提升其族群身份认同感，提高华语相关研究的精准度。目前，华语水平测试研发已经开始吸引学界的注意，未来研究可以在该领域进行更多探索实践。

最后，未来研究可以考虑扩充纳入更多传统华校生。除了新加坡，很多国家的早年移民都是在传统华校学习华文，与中国建立情感联系。随着时间的流逝，传统华校生正走向迟暮，他们是当时教育体制的重要遗产，是整个国家的珍贵记忆，也是华语传播历史的"活化石"。传统华校生影响其后代的语言实践及身份认同，对传统华校生的关注将有助于我们更加深入理解华人的历史及心理，促进华语教学研究的纵深发展。

总之，华语继承语是重要的文化遗产，华语继承语教学是汉语国际教育的重要组成部分。本书抛砖引玉，期待在华语继承语领域研究会涌现更多研究成果。

参考文献

中文著作

陈翰笙. 华工出国史料汇编（第 1 辑）［M］. 北京：中华书局，1980.

傅无闷. 南洋年鉴（丙篇）［M］. 新加坡：南洋商报出版社，1939.

李光耀. 我一生的挑战：新加坡的双语之路［M］. 新加坡：海峡时报出版社，2012.

乔西. 李光耀［M］. 安徽大学外语系，上海人民出版社编译室，译，上海：上海人民出版社，1976.

藤布尔斯. 新加坡史［M］. 欧阳敏，译，上海：东方出版中心，2013.

王赓武. 东南亚华人的身份认同与研究［C］//中国与海外华人. 香港：商务印书馆（香港），1994.

王赓武. 华人与中国：王赓武自选集［M］. 上海：上海人民出版社，2013.

温特. 国际政治的社会理论［M］. 秦亚青，译. 上海：上海人民出版社，2000.

吴明龙. 问卷统计分析实务：SPSS 操作与应用［M］. 重庆：重

庆大学出版社，2010.

吴应辉. 汉语国际传播与国际汉语教学研究［M］. 北京：中央民族大学出版社，2013.

吴英成. 汉语国际传播：新加坡视角［M］. 北京：商务印书馆，2010.

庄国土. 东亚华人社会的形成和发展［M］. 厦门：厦门大学出版社，2009.

庄国土. 华侨华人与中国的关系［M］. 广州：广东高教出版社，2001.

外文著作

ALTMAN D G. Practical statistics for medical research. London：Chapman and Hall［M］. London and New York，1991.

BARTH F. Models of social organization. Royal anthropological institute occasional paper. no. 23［M］. London：Royal Anthropological Institute of Great Britain and Ireland，1966.

BOURDIEU P., Richardson J G. Handbook of theory and research for the sociology of education［M］. Westport：Greenwood Press，1986.

BOURDIEU P. Language and symbolic power［M］. Boston：Harvard University Press，1991.

CHAN S. Asian American：an interpretive history［M］. Boston：Twayne Publishers，1991.

CRYSTAL D. A dictionary of linguistics and phonetics［M］. Oxford：Blackwell Publishing，2008.

FASOLD R. The sociolinguistics of society [M]. Hoboken: Blackwell, 1984.

GUMPERZ J. (ed.) Language and social identity [M]. Cambridge: CUP, 1982.

HOBSBAWM E J. Nations and nationalism since 1780 [M]. Cambridge: the Press of University of Cambridge, 1990.

LANTOLF J. P. (ed). Sociocultural theory and second language learning [M]. Oxford: Oxford University Press, 2000.

LEIBOLD J. Reconfiguring Chinese nationalism: how the qing frontier and its indigenes became Chinese [M]. New York: palgrave macmillan. 2007.

MIO J S., TRIMBLE J E., Arredondo P. et al. Key words in multicultural interventions [M]. Westport: Greenwood press, 1999.

NORTON B. Identity and language learning: social processes and educational practice [M]. London, Longman, 2000.

POLINSKY M., BRINTON D., KAGAN O, et al. Heritage language education: A new field emerging [M]. New York: Routeledge, 2008.

RODAN G. The political economy of Singapore's industrialization: nation state and international capital, [M]. New York: St Martin Press, 1989.

TAN C B. Chinese independent schools in West Malaysia: varying responses to changing demands, in cushman and wang (eds), changing identities of the southeast Asian Chinese since World War II [M]. Hong Kong: Hong Kong university press，2004.

WANG G. W. The Chinese overseas：from earthbound China to the quest for autonomy［M］. Cambridge：Harvard University Press，2009.

ZHANG D. Between two generations：Language maintenance and acculturation among Chinese immigrant families［M］. EL Paso：Lfb Scholarly Pub Llc，2008.

中文期刊

曹贤文."继承语"理论视角下的海外华文教学再考察［J］. 华文教学与研究，2014（04）.

曹贤文. 海外传承语教育研究综述［J］. 语言战略研究，2017，2（03）.

陈默. 第二语言学习中的认同研究进展述评［J］. 语言教学与研究，2018（01）.

陈瑞端. 语言传承与双语能力［J］. 语言战略研究，2017，2（03）.

陈维国. 印尼泰国华人青年的国家认同比较——对暨南大学华文学院的一次问卷调查［J］. 东南亚纵横，2003（11）.

陈颖. 美国纽约华人家庭语言认同的代际差异［J］. 八桂侨刊，2014（04）.

陈志明，李远龙. 马来西亚华人的认同［J］. 广西民族大学学报（哲学社会科学版），1998（04）.

陈志明. 华裔族群：语言、国籍与认同［J］. 广西民族大学学报（哲学社会科学版），1999（04）.

代帆，刘菲. 柬埔寨华裔新生代的认同及对华认知［J］. 八桂侨刊，2015（04）．

第一个五年计划的编制与实施．（1953－1957 年）［J］．中国产经，2018（03）．

东南亚汉语教学年度报告之四［J］．海外华文教育，2014（4）．

高一虹，李玉霞，边永卫．从结构观到建构观：语言与认同研究综观［J］．语言教学与研究，2008（01）．

高一虹，周燕．二语习得社会心理研究：心理学派与社会文化学派［J］．外语学刊，2009（01）．

郭金山．西方心理学自我同一性概念的解析［J］．心理科学进展，2003，11（02）．

郭熙，崔乐．对华语语言生活的观察与思考——暨南大学华文学院院长、海外华语研究中心主任郭熙教授访谈录［J］．华文教学与研究，2011（04）．

郭熙，李春风．东南亚华人的语言使用特征及其发展趋势［J］．双语教育研究，2016（02）．

郭熙，王文豪．论华语研究与华文教育的衔接［J］．语言文字应用，2018（02）．

郭熙．论汉语教学的三大分野［J］．中国语文，2015（05）．

郭熙．论祖语与祖语传承［J］．语言战略研究，2017，2（03）．

韩晓明．继承语理论对东南亚华语传播的启示［J］．民族教育研究，2018，29（01）．

韩晓明．语言认同与汉语国际传播［J］．汉语国际传播研究，2013（02）．

洪丽芬．马来西亚华人家庭语言的转变［J］．东南亚研究，2010（03）．

黄霞，游汝杰．华语运动与新加坡的语言使用考察［J］．西部学刊，2013（12）.

黄行. 论中国民族语言认同［J］. 语言战略研究，2016，1（01）.

李春风. 国内语言传承研究综述［J］. 海外华文教育，2019（01）.

李泉. 汉语国际化进程中学科建设问题思考［J］. 世界汉语教学，2007（03）.

李宇明. 大华语：全球华人的共同语［J］. 语言文字应用，2017（01）.

李宇明. 语言竞争试说［J］. 外语教学与研究，2016，48（02）.

练丽娟，战菊. 语言习得中的文化认同研究综述［J］. 新疆社会科学，2017（02）.

刘海咏. 高年级汉语继承语学生的写作特点及其教学［J］. 海外华文教育，2009，（02）.

刘燕玲. 居住国、跨国和全球视角——美国华人身份认同研究的文献述评［J］. 东南亚研究，2015（06）.

陆小英. 西方青少年族群认同的发展模型：理论、测量与趋势［J］. 民族教育研究，2017（04）.

罗勇. 文化与认同——兼论海外客家人的寻根意识［J］. 西南民族大学学报（人文社会科学版），2006，26（02）.

骆莉. 二战后东南亚民族国家共同体中的华人身份认同［J］. 东南亚研究，2001（04）.

潘天强，韦嘉. 温柔的影像军团——论好莱坞文化霸权的多面性特征［J］. 江苏行政学院学报，2006（03）.

邵明明. 汉语继承语学习者家庭因素和学习动机研究——以日本汉语继承语学习者为例［J］. 华文教学与研究，2018（02）.

邵明明. 近二十年继承语学习相关研究综述［J］. 云南师范大学

学报(对外汉语教学与研究版),2018,16(04).

沈玲. 东南亚新生代华裔文化认同的国别比较研究[J]. 民族教育研究,2017(06).

沈玲. 认同转向之下菲律宾华人家庭民族语言文字使用研究——基于500多名新生代华裔的调查分析[J]. 华侨华人历史研究,2016(04).

沈玲. 印尼华人家庭语言使用与文化认同分析——印尼雅加达500余名新生代华裔的调查研究[J]. 世界民族,2015(05).

盛静. 中国父母在华裔儿童汉语保存与双语发展中的困惑及作用——以英国华裔儿童为例[J]. 延边大学学报(社会科学版),2012,45(05).

孙谦. 战前东南亚华侨的地缘认同[J]. 华侨华人历史研究,1994(03).

汤锋旺,李志贤. 20世纪前期新加坡华人会馆学校社会经济史研究——基于潮州公立端蒙学校经费的分析[J]. 世界民族,2014(04).

王爱平. 汉语言使用与华人身份认同——对400余名印尼华裔学生的调查研究[J]. 福州大学学报(哲学社会科学版),2006a(04).

王爱平. 文化与认同:印尼华裔青少年调查研究[J]. 中国人民大学学报,2004(06).

王爱平. 印尼华裔青少年的身份认同与国家认同——华侨大学华文学院(集美)印尼华裔学生的调查研究[J]. 武汉大学学报(哲学社会科学版),2006b(02).

王赓武,林金枝. 东南亚华人认同问题的研究[J]. 南洋资料译丛,1986(04).

魏岩军，王建勤，魏惠琳，闻亭，李可. 影响美国华裔母语保持的个体及社会心理因素 [J]. 语言教学与研究，2012（01）.

魏岩军，王建勤，朱雯静，等. 影响汉语学习者跨文化认同的个体及社会心理因素 [J]. 语言文字应用，2015b（02）.

魏岩军，王建勤，朱雯静. 不同文化背景汉语学习者跨文化认同研究 [J]. 华文教学与研究，2015a（04）.

吴文. 继承语研究：应用语言学界冉冉升起的新星 [J]. 西安外国语大学学报，2012，20（01）.

吴应辉，何洪霞. 东南亚各国政策对汉语传播影响的历时国别比较研究 [J]. 语言文字应用，2016（04）.

吴应辉. 东南亚华文教育发展问题的表象、本质、措施与机遇 [J]. 浙江师范大学学报（社会科学版），2016，41（01）.

吴应辉. 国际汉语师资需求的动态发展与国别差异 [J]. 教育研究，2016，37（11）.

吴英成，黄致远. 新加坡华语政策和规划的硬道理 [J]. Global Chinese，2015（01）.

吴英成，邵洪亮. 华裔汉语学习者解读：新加坡视角 [J]. 世界汉语教学，2014，28（02）.

吴勇毅. 语言传承研究的三个视角：主体、客体与环境 [J]. 语言战略研究，2017，2（03）.

萧旸. 民族认同与传承语焦虑 [J]. 语言战略研究，2017，2（03）.

肖文燕. 地缘认同：客家华侨与侨乡社会的心理共识——以清末和民国时期广东梅州为例 [J]. 江西社会科学，2012（11）.

许宏晨，高一虹，Xu Hongchen，等. 英语学习动机与自我认同变化——对五所高校跟踪研究的结构方程模型分析 [J]. 外语教学理论与实践，2011，3（03）.

杨发章，徐竹. 论美籍亚洲人的认同身份、内外冲突和生存策略［J］. 国外社会科学，1985（07）.

杨晋涛，俞云平. 东南亚华裔新生代的"祖籍记忆"——马来西亚、泰国、印度尼西亚个案比较［J］. 世界民族，2007（06）.

于善江. 从奥克兰华人日常对话看语码转换和母语保持［J］. 语言教学与研究，2006（04）.

余可华. 多元化背景下马来西亚华文教育的现状、问题及对策［J］. 国际汉语教育（中英文），2017，2（02）.

张广勇. 国外继承语习得研究新进展［J］. 现代外语，2014，37（01）.

张汝伦，申小龙. 论文化语言学［J］. 复旦学报：社会科学版，1988（02）.

章石芳，卢飞斌. 菲律宾华裔中学生族群文化认同调查研究［J］. 福建师范大学学报（哲学社会科学版），2009（06）.

赵娜娜. 二战后新马粤籍华侨华人社团文教功能的发展和变迁［J］. 八桂侨刊，2018（02）.

郑军. 印尼棉兰华裔学生汉语语言态度调查分析［J］. 云南师范大学学报（对外汉语教学与研究版），2013，11（05）.

周明朗. 全球华语大同？［J］. 语言战略研究，2017，2（01）.

周明朗. 语言认同与华语传承语教育［J］. 华文教学与研究，2014（01）.

周庆生. 语言与认同国内研究综述［J］. 语言战略研究，2016，（01）.

周聿峨，余彬. 东南亚华人地域认同的历史和未来［J］. 暨南学报（哲学社会科学版），2009，31（02）.

朱雯静，王建勤. 跨文化族群的认同比较研究与汉语传播策略［J］. 云南师范大学学报（对外汉语教学与研究版），2012，（03）.

庄国土. 略论东南亚华族的族群认同及其发展趋势［J］. 厦门大学学报，2002（03）.

庄国土. 论东南亚华族［J］. 世界民族，2002（03）.

庄国土. 世界华侨华人数量和分布的历史变化［J］. 世界历史，2011（05）.

外文期刊

ALBIRINI A., BENMAMOUN E., SAADAH E. Grammatical features of egyptian and palestinian arabic heritage speakers' oral production［J］. Studies in Second Language Acquisition，2011，33（02）.

AU T K., KNIGHTLY L M., JUN S A., et al. Overhearing a language during childhood［J］. Psychological science，2002，13（03）.

AU T K., KNIGHTLY L M., JUN S A., et al. Overhearing a language during childhood［J］. Psychological science. 2002，13（03）.

CHAN S. Asian American：an interpretive history［J］. Boston：Twayne publisher，1991，70（04）.

CHIANG L H N., YANG C H S. Learning to be Australian：adaptation and identity formation of young Taiwanese — Chinese immigrants in Melbourne［J］. Australia. pacific affairs，2008，81（02）.

CHIANG, LAN-HUNG NORA YANG, CHIH-HSIANG SEAN. Learning to be Australian: adaptation and identity formation of young Taiwanese — Chinese immigrants in Melbourne [J]. Australia. pacific affairs, 2008, 81 (02).

CHOI J K. Identity and language: Korean speaking Korean, Korean — American speaking Korean and English? [J]. Language & Intercultural Communication, 2015, 15 (02).

COMANARU R., NOELS K A. Self—determination, motivation, and the learning of Chinese as a heritage language [J]. Canadian modern language review, 2009, 66 (01).

COMANARU R., NOELS K. A Self — determination, motivation, and the learning of chinese as a heritage language [J]. Canadian modern language review, 2009, 66 (01).

COOK V. The consequences of bilingualism for cognitive processing [J]. Tutorials in bilingualism: Psycholinguistic perspectives, 1997.

CURDT—CHRISTIANSEN X L Invisible and visible language planning: ideological factors in the family language policy of Chinese immigrant families in Quebec [J]. Language policy, 2009, 8 (04).

CURDT—CHRISTIANSEN X L, SILVER R. New wine into old skins: the enactment of literacy policy in Singapore [J]. Language & education, 2013, 27 (03).

CURDT — CHRISTIANSEN X L, WANG W. Parents as agents of multilingual education: family language planning in China [J]. Language, culture and curriculum, 2018, 31

(03).

CURDT — CHRISTIANSEN X L. Family language policy: sociopolitical reality versus linguistic continuity [J]. Language policy, 2013, 12 (01).

CURDT — CHRISTIANSEN X L. Teaching and learning Chinese: heritage language classroom discourse in Montreal [J]. Language culture & curriculum, 2006, 19 (02).

DEUSEN — SCHOLL N V. Toward a definition of heritage language: sociopolitical and pedagogical considerations [J]. Journal of language identity & education, 2003, 2 (03).

DEUSEN — SCHOLL V N. Toward a definition of heritage language: sociopolitical and pedagogical considerations [J]. Journal of language, identity & education. identity, 2003, 2 (03).

FANG L. Parental perceptions toward and practices of heritage language [J]. International journal of language studies, 2018, 12 (02).

FANG L. Parental perceptions toward and practices of heritage language [J]. International journal of language studies, 2018, 12 (02).

FISHMAN J A. Language maintenance and language shift as a field of inquiry: a definition of the field and suggestions for its further development [J]. Linguistics, 2013 (51).

FISHMAN J A. The sociology of language: an interdisciplinary social science approach to language in society [J]. Hispania, 1972, 57 (02).

GILES H., JOHNSON P. The role of language in ethnic group relations [J]. Intergroup behavior, 1981.

GROSJEAN F. The bilingual as a competent but specific speaker-hearer [J]. Journal of multilingual and multicultural development, 1985, 6 (06).

HASHEMI M R., BABAII E. Mixed methods research: toward new research designs in applied linguistics [J]. Modern language journal, 2013, 97 (04).

HE A W. Identity construction in Chinese heritage language classes [J]. Pragmatics: a quarterly journal of the international pragmatic association, 2004, 14 (2—3).

He A W. Toward an identity theory of the development of Chinese as a heritage language. Heritage Language Journal, 2006, 4 (01).

HO W K, WONG R Y L. Introduction: language policies and language education in east Asia [J]. Language policies and language education: The impact in East Asian countries in the next decade, 2000.

HOBSBAWN E. Language, culture, and national identity [J]. Social research, 1996, 63 (04).

HSU J C. Gender role and transnational thinking among " 1. 5" generation Taiwanese migrants in Brisbane Australia. [J]. Journal of population studies, 2006.

JOSHUA A., VLADIMIR C. The ethnic group school and mother tongue maintenance in the united states [J]. Sociology of education, 1964, 37 (04).

KIANG L. Ethnic self-labeling in young American adults from Chinese backgrounds [J]. Journal of youth & adolescence, 2008, 37 (01).

KUO E C Y. The family and bilingual socialization: A sociolinguistic study of a sample of Chinese children in the United States [J]. The journal of social psychology, 1974, 92 (02).

KUO E C Y. The family and bilingual socialization: a sociolinguistic study of a sample of Chinese children in the United States [J]. The journal of social psychology, 1974, 92 (02).

LAO C. Parents' attitudes toward Chinese-English bilingual education and Chinese language use [J]. Bilingual research journal, 2004, 28 (01).

LAO C. Parents' attitudes toward Chinese-English bilingual education and Chinese language use [J]. Bilingual research journal, 2004, 28 (01).

LAW S. Children learning Chinese as a home language in an English-dominant society [J]. International journal of bilingual education and bilingualism, 2015, 18 (06).

LEWIS M P., SIMONS G F. Assessing endangerment: expanding fishman's GIDS [J]. Revue roumaine de linguistique, 2010, 55 (02).

LI M. The role of parents in Chinese heritage-language schools [J]. Bilingual research journal, 2005, 29 (01).

LI W., JULIA NG. Language shift in the Teochew community

in Singapore: a family domain analysis [J]. Journal of multilingual & multicultural development, 1997, 18 (05).

Li X. How can language minority parents help their children become bilingual in familial context? A case study of a language minority mother and her daughter [J]. Bilingual research journal, 1999, 23 (2—3).

LI, M. The role of parents in Chinese heritage — language schools [J]. Bilingual research journal, 2005, 29 (01).

LI, X. How can language minority parents help their children become bilingual in familial context? A case study of a language minority mother and her daughter [J]. Bilingual research journal, 1999, 23 (02—03).

LUO S H., & WISEMAN R L. Ethnic language maintenance among Chinese immigrant children in the United States [J]. International journal of intercultural relations, 2000, 24 (03).

LUO S H., WISEMAN R L. Ethnic language maintenance among Chinese immigrant children in the United States [J]. International journal of intercultural relations, 2000, 24 (03).

MCGINNIS S. More than a silver bullet: the role of Chinese as a heritage language in The United States [J]. Modern language journal, 2005, 89 (04).

MCGINNIS S. More than a silver bullet: the role of Chinese as a heritage language in the united states [J]. Modern language journal, 2005, 89 (04).

MCKEOWN A. Conceptualizing Chinese diasporas, 1842 to 1949 [J]. Journal of Asian studies, 1999, 58 (02).

参考文献

MU G M. A meta-analysis of the correlation between heritage language and ethnic identity [J]. Journal of multilingual & multicultural development, 2015, 36 (03).

MU G M. A meta-analysis of the correlation between heritage language and ethnic identity [J]. Journal of multilingual and multicultural development, 2015, 36 (03).

MU G M. Heritage language learning for Chinese Australians: the role of habitus [J]. Journal of multilingual & multicultural development, 2014, 35 (05).

MU G. M. Learning Chinese as a heritage language in Australia and beyond: the role of capital [J]. Language & education, 2014, 28 (05).

OETTING E R., BEAUVAIS F. Orthogonal cultural identification theory: the cultural identification of minority adolescents [J]. Int j addict, 1991, 25 (5A-6A).

OETTING E R., BEAUVAIS F. Orthogonal cultural identification theory: the cultural identification of minority adolescents [J]. The international journal of the addictions, 1991, 25 (5A-6A).

PHINNEY J S. The multigroup ethnic identity measure: a new scale for use with diverse groups [J]. Journal of adolescent research, 1992, 7 (02).

RICHES C., CURDT-CHRISTIANSEN X L. A tale of two Montréal communities: parents' perspectives on their children's language and literacy development in a multilingual context [J]. Canadian modern language review, 2010, 66 (04).

ROBERT E. The structure of ethnic identity of young adolescents from diverse ethnocultural groups. [J]. Journal of early adolescence, 1999, 19 (03).

SACHDEVL I, BOURHIS R, PHANG S, et al. Language attitudes and vitality perceptions: intergenerational effects amongst Chinese Canadian communities [J]. Journal of language and social psychology, 1987, 6 (3—4).

Sue D W., Capodilupo C M., Holder A M B. Racial microaggressions in the life experience of black Americans [J]. Professional psychology research & practice, 2008, 39 (03).

TANNENBAUM M., HOWIE P. The association between language maintenance and family relations: Chinese immigrant children in Australia [J]. Journal of multilingual & multicultural development, 2002, 23 (05).

TRIMBLE J E. Prolegomena for the connotation of construct use in the measurement of ethnic and racial identity [J]. Journal of counseling psychology, 2007, 54 (03).

UMAÑATAYLOR A J. Ethnic identity and self — esteem: examining the role of social context [J]. Journal of adolescence, 2004, 27 (02).

VALDéS G. Bilingualism, heritage language learners, and sla research: opportunities lost or seized? [J]. The modern language journal, 2005, 89 (03).

WEI — MING T. The living tree: the changing meaning of being Chinese today [J] // Daedalus, 1991, 120 (02).

WEN X. Chinese language learning motivation: a comparative study of heritage and non-heritage learners [J]. Heritage language journal, 2011, 8 (03).

Wen X. Chinese language learning motivation: a comparative study of heritage and non-heritage learners [J]. Heritage language journal, 2011, 8 (03).

WEN X. Motivation and language learning with students of Chinese [J]. Foreign Language Annals, 1997, 30 (02).

Wen X. Motivation and language learning with students of Chinese [J]. Foreign language annals, 1997, 30 (02).

WONG K F., XIAO Y. Diversity and difference: identity issues of Chinese heritage language learners from dialect backgrounds [J]. Heritage language journal, 2010, 7 (02).

WU H P., PALMER D K., FIELD S L. Understanding teachers' professional identity and beliefs in the Chinese heritage language school in the USA [J]. Language, culture and curriculum, 2011, 24 (01).

WU H P., PALMER D K., FIELD S. L. Understanding teachers' professional identity and beliefs in the Chinese heritage language school in the USA. Language [J]. Culture and curriculum, 2011, 24 (01).

WU M H., LEE K., LEUNG G. Heritage language education and investment among Asian American middle schoolers: insights from a charter school [J]. Language & Education, 2014, 28 (01).

XIAO Y. Heritage learners in the Chinese language classroom:

home background [J]. Heritage language journal, 2006, 4 (01).

XIAO Y. Heritage learners in the Chinese language classroom: home background [J]. Heritage language journal, 2006, 4 (01).

YANG J S R. Motivational orientations and selected learner variables of East Asian language learners in the United States [J]. Foreign language annals, 2003, 36 (01).

YANG J S R. Motivational orientations and selected learner variables of East Asian language learners in the United States [J]. Foreign language annals, 2003, 36 (01).

ZHANG D. Home literacy environment and word knowledge development: a study of young learners of Chinese as a heritage language [J]. Bilingual research journal, 2011, (34).

学位论文

CHEN C. Mandarin Chinese as a heritage language: a case study of U. S. - born Taiwanese [D]. California: University of California, 2013.

MU G M. Heritage language for Chinese Australians: negotiating 'Chineseness' and, capitalizing on resources in the lived world [D]. Queensland: Queensland University of Technology, 2013.

WU C. Attitudes and actions of Chinese families toward heritage language maintenance [D]. Phoenix: Arizona State University, 2007.

ZHU B X. Teaching Chinese as a heritage language in and English－dominant society［D］. Victoria：University of Victoria，2014.

陈若芬. 马来西亚和印度尼西亚语言政策探析［D］. 广州：暨南大学，2006.

陈若芬. 马来西亚和印度尼西亚语言政策探析［D］. 广州：暨南大学，2006：87.

黄集初. 马来西亚华文教育体系省思［D］. 武汉：华中师范大学，2016：223.

亓延坤. 中华文化在新加坡的传承与发展［D］. 广州：暨南大学，2010.

徐平莉. 新加坡华语文教育政策与华文测试的关联研究［D］. 广州：暨南大学，2017.

杨亚红. 新加坡建国后华族文化发展的困境［D］. 武汉：华中师范大学，2018.

叶俊杰. 马来西亚华文教学研究［D］. 北京：中央民族大学，2012.

伊丽娜. 汉语作为继承语及其对中国华文教育启示：基于对浙江大学海外华人学生汉语状况的实证调查［D］. 杭州：浙江大学，2013.

章石芳. 族群文化认同视野下菲律宾华族移民母语教育发展及方略研究［D］. 福州：福建师范大学，2011.

析出文献

FISHMAN J A. 300－plus years of heritage language education in the United States［M］//Heritage languages in America：

preserving a national resource. Language in education: theory and practice. Delta systems company inc, 1400 Miller Parkway, mchenry, 2001.

FISHMAN J A. Reversing language shift: theoretical and empirical foundations of assistance to threatened languages [J] //Modern language journal, 1991, 76 (04).

FREUD S. Group psychology and the analysis of the ego [M] //The Standard Edition of the Complete Psyhchological Works of Sigmund Freud, London: Hogarth Press, (1920—1922), 18.

HORNBERGER N H., WANG S C. Who are our heritage language learners? Identity and biliteracy in heritage language education in the United States [M] //Heritage language education. Routledge, 2017.

KAGAN O, DILLON K. Heritage languages and L2 learning [M] //The Routledge handbook of second language acquisition. New York: Routledge, 2019.

KING K A. FOGLE L W. Family Language Policy [A] //Language Policy and Political Issues in Education. Springer International Publishing, 2017.

LI W. Three generations, two languages, one family: Language choice and language shift in a Chinese community in Britain [M] //Clevedon (UK) & Philadelphia (PA): Multilingual Maters, 1994.

LU X., LI G. Motivation and achievement in Chinese language learning: a comparative analysis [J]. Chinese as a heritage language: Fostering rooted world citizenry, 2008.

TU WEI-MING. Cultural China: The Periphery as the Center, Tu Wei-ming (eds) [M] //The Living Tree: The Changing Meaning of Being Chinese Today, Stanford: Stanford University Press, 1991.

VALDÉS G. Heritage language students: Profiles and possibilities [M] //Heritage languages in America: Preserving a national resource. McHenry, EL: Center for Applied Linguistics and Delta Systems, 2001.

VALDÉS G. The teaching of heritage languages: an introduction for Slavic-teaching professionals [C] //The Learning and teaching of Slavic Languages and Cultures. Bloomington, Indiana: Slavica, 2000.

WANG G W. A Note on the Origins of Hua-chiao [M] //In Community and Nation: Essays on Southeast Asia and the Chinese. Singapore: Heinemann Educational Books (Asia), 北京：中央文献出版社，1990.

WANG G W. The Chinese Revolution and the Overseas Chinese [M] //Diasporic Chinese Ventures. New York: Routledge, 2004.

何纬芸, 苗瑞琴. 继承语之习得及其社会化 [M] //姬建国, 蒋楠主编. 应用语言学——西方人文社科前沿述评. 北京：中国人民大学出版社, 2007.

林连玉. 马来亚联合邦华校董教机马华公会代表联席会议宣言 [Z] //林连玉. 华文呼吁录. 吉隆坡：林连玉基金委员会, 1986.

沈玲. 泰国新生代华裔语言使用与认同研究 [M] //中国—东盟

与中泰关系研究第一辑（政治、文化卷）. 北京：社会科学文献出版社，2015.

吴建成. 华文独中的特质［G］//独中工委会. 华文独总90年代的教育与办学策略：1991年华文独中校长交流会资料汇编. 吉隆坡：马来西亚华校董事联合会总会，1992.

吴英成. 同文同种的中国幻想曲：中、台、新中华语言文化比较研究［G］//卢国屏. 文化密码——语言解码：第九届社会与文化国际学术研讨会论文集. 台北：台湾学生书局，2001.

徐大明，李嵬. 新加坡语言政策研究报告［R］//徐大明. 社会语言学研究. 上海：人民出版社，2007.

周恩来. 关于华侨的双重国籍问题［M］//周恩来外交文选，北京：中央文献出版社，1991.

网络及其他文献

2016年国际阅读素养发展研究（PIRLS）调查发布［EB/OL］.（2018－07－29）［2022－07－05］. https://www.iea.nl/pirls－2016－release.

Carreira M. Seeking Explanatory Adequacy: A Dual Approach to Understanding the Term. Heritage Language Learner. Heritage Language Journal，2(1)［EB/OL］.（2018－02－12）［2022－07－05］. http://www.heritagelanguages.org/.

Chao T H. Chinese Heritage Community Language Schools in the United States［EB/OL］.（2018－05－16）［2022－07－05］. https://www.ericdigests.org/1998－1/chinese.htm.

Dixon L Q. The bilingual education policy in Singapore: implications for second language acquisition［EB/OL］.

(2018-01-12) [2022-07-05]. https://files.eric.ed.gov/fulltext/ED478019.pdf.

Reder S. Adult literacy development and economic growth [EB/OL]. (2018-01-12) [2022-07-05]. https://files.eric.Eds.gov/fulltext/ED512441.pdf.

林毅夫：中国经济改革的成就、经验与挑战 [EB/OL]. (2018-12-29) [2022-07-05]. https://baijiahao.baidu.com/s?id=1621156538814053845&wfr=spider&for=pc.

人民网 [EB/OL]. (2019-2-1) [2022-07-05]. http://theory.people.com.cn/GB/10138211.html.

新加坡统计局：家庭综合调查 [EB/OL]. (2018-09-06) [2022-07-05]. https://www.singstat.gov.sg/-/media/files/publications/ghs/ghs2015/ghs2015.pdf.

新加坡统计局：人口普查报告 [EB/OL]. (2018-08-20) [2022-07-05]. http//www.singstat.gov.sg/docs/default-source/default-document-library/publications/publications_and_papers/cop2010/census_2010_release1/findings.pdf.

新加坡统计局：人口普查数据 (2000) [EB/OL]. [2022-07-05]. http://www.singstat.gov.sg/publications/publications-and-papers/cop2000/cop2000r2.

新加坡统计局：人口普查数据 [EB/OL]. (2018-09-06) [2022-07-05]. https://www.singstat.gov.sg/publications/cop2010/census10_stat_release1.

新加坡统计局：人口走势 [EB/OL]. (2018-09-06) [2022-07-05]. https://www.singstat.gov.sg/-/media/files/publications/population/population2017.pdf.

新加坡统计局：最新数据（2018）[EB/OL].[2022−07−05]. http://www.tablebuilder.singstat.gov.sg/publicfacing/customSort.action.

新加坡宗乡会馆联合总会[EB/OL].(2018−10−20)[2022−07−05]. https://www.sfcca.sg/aboutus.

中国一带一路官网[EB/OL].(2018−7−29)[2022−07−05]. https://www.yidaiyilu.gov.cn/xwzx/gnxw/14293.htm.

附 录

附录一 调查问卷

新加坡世代语言变迁调查
Inter-generational Language Mobility in Singapore

亲爱的朋友：

您好！我们正在进行新加坡华裔语言使用情况的相关调查研究，此调查以匿名方式进行，所收集材料仅用于本研究。如您知情同意，请填写本问卷。答案并无对错之分，您的如实回答将为语言教育发展及政策制定提供重要参考。非常感谢您的参与，祝您一切顺利！如有问题，敬请联系何洪霞 hehongxia@muc.edu.cn。

Dear friends,

The purpose of this survey is to collect information about inter-generational language mobility in Singapore. All information collected in this survey will be treated confidentially and used for this research only. If you have informed the consent, please complete this questionnaire. There is no right or wrong answer, and it will be helpful in language planing and Chinese education. Thanks for your cooperation and everything goes well for you! If you have any question, please email HE Hongxia at hehongxia@muc. edu. cn.

第一部分（Part 1）

Q1 性别（Gender）

  A. 男/male

  B. 女/female

Q2 出生年份（Year of birth）

_____

Q3 父母教育背景（Parental education background）

父亲/Father	母亲/Mother
A. 传统华校/traditional Chinese—educated	A. 传统华校/traditional Chinese—educated
B. 传统英校/traditional English—educated	B. 传统英校/traditional English—educated
C. 中国教育/ educated in China	C. 中国教育/ educated in China
D. 其他/others _____	D. 其他/others _____

Q4 个人教育背景（Personal education background）

  A. 传统华校/traditional Chinese—educated

  B. 传统英校/traditional English—educated

  C. 现代主流学校/modern main—stream school

D. 中国基础教育/educated in China（primary and secondary）

E. 未受教育/no qualification

Q5 个人教育程度（Personal education degree）

A. 未具学历/no qualification

B. 小学/primary

C. 中学/secondary

D. 技术学院/vocational institute

E. 初级学院/junior college

F. 理工学院/polytechnic

G. 大学及大学以上/university and above

H. 其他/others_____

Q6 住房类型（Type of dwelling）

A. 1－2房式政府组屋/HDB 1－ and 2－ room flats

B. 3房式政府组屋/HDB 3－room flats

C. 4房式政府组屋/HDB 4－room flats

D. 5房式政府组屋、执行公寓/HDB 5－ room and executive flats

E. 共管公寓、私人公寓/condominiums and private flats

F. 私人有地房产/landed properties

G. 其他/others_____

Q7 你的家庭常用语是 _____（Language most fluently spoken at home is _____）

A. 英语/English

B. 华语/Mandarin

C. 福建话/Hokkien

D. 潮州话/Teochew

E. 广东话/Cantonese

F. 其他/others_____

Q8 我常常_____（I always_____）

A. 只说华语/Prefer to speak Mandarin only

B. 偏好说华语/Prefer to speak Mandarin

C. 华语与英语一样/Both languages the same

D. 偏好说英语/Prefer to speak English

E. 只说英语/Prefer to Speak English only

Q9 我觉得自己_____（I believe I am_____）

A. 华语优势/Mandarin dominant

B. 华语优于英语的双语人/Mandarin 1English2－bilingual

C. 英语优于华语的双语人/English1Mandarin2－bilingual

D. 英语优势/English dominant

第二部分（Part 2）

Q10 语言水平（Language proficiency）[矩阵题]

	非常好 Excellent	很好 Very good	好 Good	不好 Well	很不好 Not well	完全不会 None
华语听力 Chinese listening						

续表

	非常好 Excellent	很好 Very good	好 Good	不好 Well	很不好 Not well	完全不会 None
华语说话 Chinese speaking						
华语阅读 Chinese reading						
华语写作 Chinese writing						
英语听力 English listening						
英语说话 English speaking						
英语阅读 English reading						
英语写作 English writing						
华语译成英语 Chinese－－＞English						
英语译成华语 English－－＞Chinese						

Q11 **与不同人士交谈经常使用的语言/Language choice－interlocutor** [矩阵题]

	华语 Mandarin	华语首选 英语第二 Mandarin 1 English 2	英语首选 华语第二 English 1 Mandarin 2	英语 English	不适用 Not applicable
父母 Parents					
夫妻 Spouse					

续表

	华语 Mandarin	华语首选 英语第二 Mandarin 1 English 2	英语首选 华语第二 English 1 Mandarin 2	英语 English	不适用 Not applicable
子女 Children					
兄弟姐妹 Siblings					
好友 Friends					
同事/同学 Colleagues/Classmates					

Q12 抚养孩子的理想语言（Ideal language to raise own children）

    A. 只有华语/Mandarin only

    B. 只有英语/English only

    C. 华英两语/both Mandarin and English

Q13 观看电视节目/电影（Watching TV programmes and movies）

    A. 只有华语/Mandarin only

    B. 只有英语/English only

    C. 华英两语/both Mandarin and English

Q14 阅读报刊/书籍（Reading newspapers and books）

    A. 只有华语/Mandarin only

    B. 只有英语/English only

    C. 华英两语/both Mandarin and English

附录二 访谈提纲

（1）请说说你的华语学习历程。
Please talk about your Chinese—learning experience.

（2）你的语言偏好是什么？你在不同的场所，会使用什么语言？（如巴刹、小贩中心、超市、商场、银行、政府机构等）
What's your language preference? What kind of language do you prefer to speak or use when you are at Bazaar, Hawking center, supermarkets, shopping malls, banks and governmental places, and so forth?

（3）华语的掌握对你现在的工作/学习有多重要？你希望提高华语水平吗？为什么？
How important for your to learn Chinese in learning or working? Do you wish improve your Chinese proficiency? why?

（4）你认为华人不会讲华语，是否合情合理？
How do you like "all Chinese Singaporeans should be able to speak Chinese"?

（5）当你与他人交往时，如果他发现你不会说华语，你是否会感到尴尬？为什么？
Do you think it is disgraceful if a Chinese cannot speak Mandarin? Why?

附录三 访谈样例

访谈对象：G1—01

身份：中国移民

我出生于1985年，女，自2015年正式成为新加坡公民，现在我是新加坡中学的华文老师。我的父母都是土生土长的中国人，他们都接受过较高水平的教育，而我本人也拥有硕士学位。

新加坡是个移民国家，所以各种族的人都汇集到此地并不是什么新奇的事，不同种族之间沟通自然需要借助一种大家都会的语言。我教书的学校里有一些马来裔、印度裔的同事，需要和他们交谈时我就用英语，但是平时与我关系比较密切的还是华裔的同事，我的朋友也几乎都是华人，无论是新加坡人还是中国人。

不过，我在和新加坡的同事朋友交谈时，会用新加坡的口音，毕竟在这里工作生活已经六七年了，原本的口音里早就注入了一丝南洋风情。但是我与家人在一起的时候，还是会用普通话交谈，因为讲华语能显示出彼此之间的亲密关系。我的先生也是从中国北京移民来新加坡的，所以在家里我们都很自然地讲华语，当彼此的父母到家中做客时，也是用华语进行沟通。

不过有意思的是，我在跟我先生或者我父母说话的时候用的是北方话，因为先生从小在北京长大，听得惯北方话，而在跟先生的父母说话时我就用普通话，因为公公婆婆是四川人，虽然北方话不难懂，但是我觉得还是双方沟通最好还是用普通话，这种情况其实有点像新加坡各种族的人聚在一起的时候用英语交流的情况。

　　日常生活中，无论是在巴刹、小贩中心、超市、还是中餐馆，说华语似乎都是自然而然的事，当然用英语的情况也是有的，但是在这些场合里用华语是我的首选。在邮局时，我的首选是英语，其次是华语。而在购物商场、西餐馆、医院、银行或者政府部门这些场所时，我就会自动切换成讲英语的模式，并且只用英语交流。

　　一个人在不同场合用不同语言，这种改变真的十分微妙。在新加坡这么多年，我深有体会，新加坡虽然是个华人占大多数的国家，英文却扮演了相当重要的角色。我承认华语和英语各有各的闪光点，但同时我也很清楚，在新加坡讲英语的人很明显更容易得到晋升，也更具政治影响力，这一点其实从我的学生对于华语的态度就可以看出，比起华语，他们更喜欢讲英语。

　　其实不难理解，这其中的一部分原因是由新加坡移民社会的性质决定的。众所周知，在新加坡，比起推选一个只会讲华语的领导者，推选一个会讲英语的领导者更能代表各种族的利益，更利于社会公平，同时也能减轻其他种族对占大多数的华人可能密谋对其不利政策的疑虑，英校生出身的李光耀就是个很好的例子。

　　另外一个原因我认为是新加坡与国际接轨，既然走国际路线就要用到世界上使用最广泛的语言——英语来交流，那么自然讲英语的人较受欢迎、较有前途，现实就是讲英语的人就会产生一种优越感，而这种优越感是只讲华语的人不曾拥有的。

　　在表达方面，我觉得英语歌曲和华语歌曲都很优美、都能表达我的个人心声。尽管我喜欢看华人出演的英语电视连续剧，但是我不大喜欢看华人出演的华语连续剧，而在阅读报刊或书籍的时候，我还是比较喜欢看华文报刊、书籍，这可能是因为我的华文阅读速度比英文阅读速度快很多，所以更习惯看华文。

总的来说，我认为英语和华语都有各自的优点和缺点，讲华语虽然能显示彼此的亲密关系，但是在讨论科技话题，从事商业活动时不好用，而相比之下，英语在讨论科技话题，从事商业活动时更精准好用，不过难免会给人一种公事公办、铁面无私、疏离的感觉。

虽然已经在新加坡很多年，对这里的一切早已很熟悉，至少从口音上来说，我已经完全融入了新加坡这个移民社会的大熔炉中，但是有时自己会在心里暗暗问：我该怎么教育我的下一代？现在我儿子刚一岁半，我的母亲从中国过来帮忙照看孩子，自然而然的，我儿子现在能听懂很多华语，而对于儿子在英语上的教育，现在也仅限于二十六个英文字母的认读和辨识，我们并不担心他的英文能力以后会跟不上，新加坡的语言环境决定了他早晚都会掌握英文，甚至比我和先生掌握得更好。

虽然我现在已经是新加坡公民了，但是我更倾向认为自己是新加坡籍华人，而不是华裔新加坡人，毕竟我是在中国出生长大的，对于母国还有很深的眷恋，但是同时我也有些惆怅，毕竟想到儿子长大后，他概念中的祖国跟我概念中的祖国不是同一片土地。泡一壶茶，第一泡是最浓郁的，之后茶就会越冲越淡。我就是最浓的那一泡，很可能到了我孙子那一代就是白开水了。

绿卡换成了粉卡，现在的我到底是谁呢？我，应该算是个已经不是异乡人的异乡人吧！

访谈对象：G1-11

身份：传统华校生

我说潮州话，但是听不懂福建话，歌仔戏属于福建话还是闽南语的，早期听不懂，现在慢慢听懂了。孩子很奇怪为什么我要听这个戏。我跟孩子讲华语，跟老公也是讲华语，平时也喜欢说华语，华语的听说读写都很好。英语只是普通水平，我看3分2分就好了。英语看不了，听还听得懂一点。两个妹妹讲英语，跟我们讲方言；姐姐跟我们讲华语，好朋友之间就讲福建话或者华语了。

新加坡人和华人对于我来说都差不多。

现在新加坡就是通常用华语或者英语，我是用华语比较多，我是华校生。在食阁或者Hawker Center，用华语多，很少用方言，因为方言都……去政府、银行也说华语。

现在如果有得选，抚养孩子应该用双语。

访谈对象：G2-04

身份：第二代华人

我的中文名叫卢安娜，1978年出生于新加坡。父亲十几岁移民到新加坡，母亲是新加坡本地华裔。我从小在一个语言大杂烩的环境下长大，周围的邻居有马来籍的小伙伴，也有印度籍的玩伴，华人很少，所以我更喜欢讲英文。母亲是土生土长的新加坡华人，但因为小时候居住的区域，阴差阳错地读了马来校。

我妈妈更喜欢华语。她说，马来校大部分同学都是马来人，少数的华人同学很团结，他们之间也更喜欢讲华语。母亲对于华语和自己的华裔身份感情很深，所以也特别重视我的华语学习,在家里,父亲母亲虽然会讲英文,但大部分时间还是和我讲华文。

父母工作很忙,我就经常被送到爷爷奶奶家里。爷爷奶奶不会讲英语,我只能和他们讲华语。但我更喜欢讲英文,因为我更喜欢和周围的小伙伴玩。

为了培养我对华语的兴趣和感情,从我7岁起,母亲就送我去学习古筝、古琴、二胡等一系列中国传统乐器。上学之前,由于受父母的影响,我的华语一直都说得不错,但进入小学之后,我却慢慢开始不喜欢华语。当然是因为汉字,汉字太复杂了。

我在学校的成绩很好,各科都是A,唯独华语经常不及格。这使母亲非常焦急,每次华文考试不及格,妈妈都要请我"吃藤条",错一个字要打十下藤条。我并不认可母亲这种教育方式,母亲这么严苛的教育虽然让我有些怕,但内心还是很抗拒学习华语。真正让我下定决心要好好学习华语是因为二年级开始,我加入了学校的华乐团,我热爱音乐,更喜欢在乐团里和大家互相配合的这种感觉。乐团老师是北京人,讲话非常快,我稍不留神就听不懂老师说什么,于是,我开始课后更多和同学说华语,自己学习华语也更认真了。大概从三年级开始,我们才开始学习汉语拼音,我觉得汉语拼音对学习华语帮助很大,尤其对于认识汉字帮助更大。很多汉字可以和自己以前说的对上号了,遇到不认识的汉字我结合拼音多看几遍、多认几遍就慢慢会了,学了汉语拼音自然也能自学了,认识的汉字也越积累越多。随着自己越来越认真地学习华语,我的华文成绩也越来越好,也慢慢开始喜欢学华文了。到中学阶段我的华文成绩就一直名列前茅了。有时母亲在家里甚至让我陪着她一起读佛经。

我在中学阶段就开始自己读《红楼梦》，我喜欢看华文的文学作品，很有意思，也很有深度。我大学就读于英国剑桥大学，在英国的时候很少用到华语，刚回新加坡的时候我都快忘了华语怎么讲了。

华文和英文各有各的好，英语更具有交际性，平时交流的时候用得更多。

回国后我在一家对外贸易公司做财务工作，公司老板是英国人，也有很多同事是欧美人，工作环境里完全是讲英文。我和周围的新加坡朋友交流偶尔掺杂一些华语，但还是说英语为主。

在新加坡，华文、英文都经常用得到，去巴刹、小贩中心还有路边的一些小店的时候他们大部分都说华语，我也会和他们说华语。但在工作场合，邮局、银行、政府部门等正式场合都是说英语的。

近些年我也认识了很多从中国来的朋友，当然和他们交流就都是用华语交流。我很喜欢这些中国的朋友，我觉得自己和他们沟通没什么障碍。我说的中国朋友包括现在的男朋友，准确说是未婚夫。他是山东人。我很高兴别人叫我中国媳妇。我父母也很喜欢他，对于嫁给中国人，父母十分认可，也很高兴。

除了华语，我还学过土耳其语、法语、日语、韩语。因为不经常用，说得并不是很流利，有好多都忘了怎么说了。学这些语言自然是和学华语不一样，华语的听说很好掌握，文字比较难掌握。整体比较的话，我觉得土耳其语和法语更好掌握，学习的过程也更轻松，因为都是字母，和英文很像。

我认为多掌握几门语言是好事。尤其在新加坡长大，作为双语人,虽然学习华文的过程也很痛苦,但我很满意自己现在的华文水平。

未来自己的子女教育,很简单,和爸爸学中文,和妈妈学英文。这样对于孩子来说应该会比较均衡,家庭语言教育很重要。

访谈对象:G3—05

身份:第三代华人

I never liked learning Chinese. My family did not speak the language or at least at a limited level. Hence it was often a matter of drill and kill-memorizing key ideas so composition made some sense or had 10-year-series vibes like starting with "一个风和日丽的早晨". As a visual person, it helped to make sense of the words by their parts, but it didn't work all the time and the pronunciation could be entirely different in spite of visual similarities.

(我从来不喜欢学华语,我家也不说华语,我基本不太会。因此,这真是个要死要活的事、要记忆重点以便在作文时言之有物,或是在 10 年级时可以写出类似以"一个风和日丽的早晨"为开头的文章。作为一个以视觉为强项的人,我可以通过字词的偏旁部首猜测大概意思,但是这种猜测不是一直都准确,有的字词长得差不多,但是发音完全不一样。)

English is first choice. Can speak some Mandarin when the time calls for it or some Cantonese as well-e. g. when the stall is run by PRC nationals or the elderly. Currently Chinese is not heavily needed at work, but I do see its uses like when I have to lead student trips to Taiwan since I need to be able to at least understand and converse in basic Chinese at times. So improving Chinese proficiency is useful but not urgent.

（英语是第一选择。如果有需要，我也可以说一点华语和广东话。比如，店主是中国人或是上了年级的华人的时候。现在工作中华语不那么重要了，但是当我带领学生去中国台湾旅行时候，发现华语挺有用。因为我需要有基本的华语理解能力和交流能力。所以，学好华语是重要但不紧急的事情。）

It is pretty true but the "be able to speak" is at what level of proficiency? I believe most Chinese Singaporeans if they take Mandarin in school can speak Chinese… it is just how well. Nope. Nowadays there are intermarriage and I might study another mother tongue even though I could identify as Chinese by IC or choice. I think it is a stereotype.

（"说华语"很重要，但是"说好华语"很难判断，要"好"到什么程度呢？我觉得大部分新加坡华族如果在学校时学华语的话，可以说华语，但是有多么好？并不。现在有很多跨国婚姻，所以即使身份上是华族也可能会学习其他语言。"华人一定会说华语"是个刻板印象。）

后 记

京师三载,狮城一年,雾都数岁。头秃几许,感慨万千……首先,感谢我的老师们。难以忘记我的博导吴应辉教授的谆谆教诲,让我从学术"小白"成长为具有一定科研素养的博士;难以忘记我的外籍博导吴英成教授,让我对新加坡华人和华语的认识由感性体验上升到理性探索。其次,感谢我的朋友们。难以忘记路灯下同行的同届小伙伴,因为他们,我的业余生活才如此丰富多彩;难以忘记师哥、师姐、师弟、师妹,因为他们,学习历程才愈加激荡回环。最后,感谢我的家人们。他们无怨无悔的付出是我奋力前行的动力;他们甜美可亲的笑容是我最大的牵挂;他们身心健康快乐是我最大的愿望!

此外,四川大学出版社的编辑在成书过程中一直带给我温暖的支持和鼓励;时间仓促,如本书有任何疏漏之处,欢迎各位读者批评指正,在此一并拜谢。

余生也有涯,而知也无涯。愿未来的自己可以继续努力,走进学术殿堂的应许之地。